价值为王：集成财经变革与业财融合之道

刘志娟 著

机 械 工 业 出 版 社

当前外部环境正面临极其复杂的变化，企业靠市场、人口、资本红利驱动的粗放式经营模式已无法延续。如何提升自身造血能力？走高质量发展和精细化运营之路，以及做好财务管理是关键。财务转型迫在眉睫。

华为从 2007 年开启的集成财经变革，使得精细化管理成为华为持续成长的推动力，大幅提升了华为整体的价值创造能力和效益水平。本书系统总结和复盘了华为集成财经变革和业财融合实践的精髓，揭示了华为以价值为纲的经营理念、财经发展历程、变革的核心思想，以及在交易、项目、研发、责任中心、内控、组织、数字化等领域业财融合的管理实践。

本书对中国企业转型为战略落地、业财融合的价值创造型组织具有借鉴意义，适合企业家、企业高管、财务人员和业务人员阅读。

图书在版编目（CIP）数据

价值为王：集成财经变革与业财融合之道 / 刘志娟著 . —北京：机械工业出版社，2023.12
ISBN 978-7-111-74538-9

Ⅰ.①价⋯　Ⅱ.①刘⋯　Ⅲ.①通信企业 – 企业管理 –
财务管理 – 研究 – 深圳　Ⅳ.①F632.765.3

中国国家版本馆CIP数据核字（2024）第020662号

机械工业出版社（北京市百万庄大街22号　邮政编码100037）
策划编辑：刘怡丹　　　　责任编辑：刘怡丹
责任校对：张亚楠　薄萌钰　责任印制：张　博
北京联兴盛业印刷股份有限公司印刷
2024年2月第1版第1次印刷
170mm×230mm·16.75印张·227千字
标准书号：ISBN 978-7-111-74538-9
定价：69.80元

电话服务　　　　　　　　网络服务
客服电话：010-88361066　机 工 官 网：www.cmpbook.com
　　　　　010-88379833　机 工 官 博：weibo.com/cmp1952
　　　　　010-68326294　金 书 网：www.golden-book.com
封底无防伪标均为盗版　机工教育服务网：www.cmpedu.com

推荐序一

企业经营管理的本质就是"价值为王"

当今企业正面对着一个易变、不确定、复杂和模糊的世界。行业边界和壁垒正在消失，新技术、新渠道、新跨界对手层出不穷，消费者需求快速迭代，业务模式持续进化，监管与法律法规也更为严格，各行各业都在探索属于自己的"新常态"。这些挑战要求企业重塑应对变化的韧性，能够在风云变化的竞争中随时调整已有的战略方案和商业模式，并相应地优化业务流程、组织架构和管理模式。

作为公司管理职能的重要部分，财务职能的未来发展也引发了新一轮的探索与讨论。除了工作方式的转变与效率的提升，财务职能部门更需要思考如何成为企业的"领航员"，带领企业在暗流涌动的市场经济中乘风破浪，驶向企业的未来愿景。

特斯拉和 SpaceX 的首席执行官马斯克在其颠覆性的创业中应用了一种极好的思维框架——第一性原理，即"将事情缩减至其根本实质"。采用第一性原理来看待财务职能的本质及其演变，我们需要回归最基本的问题：设置财务职能是为了满足哪些业务需求？这些需求是如何发展变化的？

让我们看看财务的活动都是如何发生的。

以"业务处理效率"为导向的活动：该活动领域通常指以规则为导向、重复性高的交易处理活动，包括资金结算、费用报销、会计核算、纳税申报等。企业可以借助技术手段（比如 ERP 系统、人工智能、数据库、BI 工具等），采用标准化且简化的流程，以及共享服务的形式，以更及时、更具成本效益的方式开展该领域的工作。

与"合规与控制"相关的活动：该领域不仅包括企业内控和外部财务报告，也包括关联性日益增强的领域，比如报告企业对社会各方面的影响，如自然资本和人力资本的利用情况等。财务需要超越传统的财务报告职能，帮助制定并实施用于内外部报告的全新绩效管理框架。

与"业务洞察"相关的活动：这是未来财务职能部门的发展方向和主要目标。财务需要与业务有效合作才能创造价值。财务应提供深刻的业务见解以辅助管理层进行战略决策，并确保决策已充分考量企业各方面的信息资源，同时密切关注这些决策的影响并反馈给各利益相关方。

纵观过去 20 多年国内外财务职能演变的趋势，在以"业务处理效率"为导向的活动领域，借助流程标准化和技术手段，越来越多的规则导向、重复性的财务会计工作已经被机器所取代，并从自动化走向数字化和智能化。与此同时，很多企业也通过共享服务、外包服务或混合方式，通过独立、专业的运营管理来进一步提升服务质量和效率。在"合规与控制"的相关活动领域，随着越来越多的利益相关方和投资者寻求了解企业对社会各方面的影响，比如可持续性、包容性和多元性，财务需要将企业的绩效观扩展到这些新的领域，以更全面的视角评估和引导企业绩效。

阅读《价值为王：集成财经变革与业财融合之道》一书，把我之前在企业管理中对财务管理的理解，通过财经变革历程更好地融合在一起，尤其加深了对华为全球化财务管理场景的理解。

在本书中，我了解到华为在全球 170 多个国家和地区开展业务，各个国家和地区的经营环境可谓千差万别。几乎有人的地方就有华为的业务。此外，没人的地方，也有华为的业务，如北极。有业务的地方就有财经支撑的需求。这些遍布全球错综复杂的外部环境，为华为财经带来了巨大的挑战。

华为进行了近 20 年的财经变革：1998 年的"四统一"，2005 年的账务共享中心建设，2007 年的集成财经变革，以及 2015 年的全预算变革和财经数字化变革等。华为财经从"非常落后"到"比较落后"，从"比较落后"到"比较先进"，最终到"世界先进"。

本书已经深入浅出地把华为整个经营管理的精髓阐述出来，让我们这些企业管理人员在学习后具备各种信息资源（比如财务信息与非财务信息、宏观经济趋势等）整合能力、战略思维和商业敏锐度，并以精炼准确的语言讲述数据背后的故事。我们除了回顾过去，也能预见未来，以实时、可靠的数据及洞察，帮助企业制订经营战略，包括新产品、新市场、新渠道、产品组合和价格策略等。

感谢刘志娟女士的用心之作。

柳相军

比亚迪原事业部总经理

推荐序二

以规则的确定性应对业务的不确定性

在全球商业环境的大潮中，财经管理已经从幕后走向了前台，成为推动企业业务发展的重要引擎。企业需要借助财经管理的力量，与业务深度融合，共同推动企业的价值创造和持续增长。

本书的作者刘志娟女士，是一位在华为公司拥有 15 年财经和商务管理经验的资深人士，同时也是深圳市华鑫财智咨询公司的创始人。她的丰富经验和深度洞察，为我们提供了一份关于财经管理与业务融合的深度解读和实践指南。

刘女士的工作经历丰富多样，她曾在华为公司担任电信云与数据中心产品线的 CFO，也曾在广东伟一工业互联网有限公司担任联合创始人兼首席运营官，拥有销售、交付、研发、财经等跨领域经验。她的工作经历使她深入理解财经管理在企业运营中的重要作用，也使她积累了丰富的财经变革和数字化转型的实践经验。

刘女士创办的华鑫财智咨询公司，致力于提升中国企业的财经管理能力，为多家著名上市公司、专精特新企业等的财务转型及管理变革工作提供了专业的咨询服务。

本书是刘女士根据在华为参与集成财经变革和承担产品线 CFO 工作期间的管理经验和体会，针对创业和咨询工作中发现的诸多企业财经发展问题和困境，经过近两年的精心策划和反复总结，形成的财经管理经验的精华。

本书以华为财经发展历程以及如何通过财经变革推进财经与业务融合能力的成长为案例，深入剖析了企业财经管理、业务财经能力要求的各个方面。她从价值创造出发，阐述了企业如何追求长期有效增长。通过对财务转型的三个方向、财经管理者 CFO 如何转身、业财如何融合、财经如何数字化的深度解读，让我们对价值为王有了更深的理解。她详细讲述了华为财经支持价值创造的发展及变革历程，让我们看到了华为财经从记账、专业财经、业务伙伴到价值整合者的转变过程。

在当前复杂的国际经济形势和激烈的市场竞争中，很多行业出现了增长陷阱、盈利困境和效率窘境。企业的财经组织如何构建洞察机会、洞察业绩和洞察风险的能力，如何与业务一起在战斗中成长，如何在不同的企业发展阶段平衡好企业成长性、营利性和流动性三者的关系，对违背企业发展规律的盲目投资活动说"不"，是财经组织应该承担的历史责任。

作者通过对华为财经体系从初期发展到世界级水平的深度分析，给出了丰富的实践案例和操作建议，对于希望提升财经管理能力的企业和个人来说，具有很高的参考价值。本书的核心观点是，企业的财经管理应该以创造价值为中心，而不仅仅是进行财务核算和监控。这需要财经管理从传统的财务角色转型为价值整合者的角色，需要财经管理与企业的业务深度融合，需要财经管理通过经营分析系统、全面预算系统、项目四算系统、成本管理系统、定价管理系统等数字化系统，采用统一的数据底座和数据湖与业务深度绑定和联结，打通财经数据和业务数据的关联，还需要合规体系通过内控和风险管理系统保障价值创造的成果。这些观点和建议，无论对于大型企业的财经管理者，还是对于中小企业和创业公司的财经管理者，都具有很高的实用性和借鉴性。

在中国企业全新国际化商业进程中，企业的财经与合规管理走向海外面临着越来越多的挑战和机遇。我相信，本书的内容将提供有力的帮助，也将在推动企业的价值创造和持续增长中发挥重要的作用。

范厚华

深圳传世智慧科技创始人

华为原集成财经变革副总裁、海外市场副总裁

推荐序三

"价值为王"点亮业财中国，业财融合助力价值创造

首先，我衷心感谢刘志娟女士的盛邀为本书撰写推荐序，也期待借此机会与读者深入探讨中国企业数智化转型中的业财融合之道。

我专注财务数字化领域超20年，在甲骨文软件公司工作的10年期间，非常有幸作为财务软件服务商的角色参与了华为财经在全面预算管理、合并报表、全球税务治理、ERP项目等多个变革项目的建设，服务过程经历了华为快速发展期、多元化发展期以及卡脖子特殊时期，对华为财经变革有着一定的理解。

我关注到市场上有很多关于华为的书籍都偏侧重于市场营销类，体会更多的是华为人"胜则举杯相庆，败则拼死相救"的拼搏精神和豪情壮志。但本书则从财经入手，坐着时光机穿梭体验了华为从过去到现在的若干次重大困局和突围，述说了华为在"一把手"的带领下，全体财经人上下一心，拥抱变革，辅助一线业务开拓从几亿元规模到近万亿元规模的艰辛发展过程，以及总结了华为通过集成财经变革项目不断提升企业价值创造能力和核心竞争力的宝贵经验。

新一代智能技术正在颠覆各行各业，每个企业都面临着巨大的发展挑战，并有着强烈的危机感触。在市场瞬息万变的时代，企业的经营风险与日俱增，残酷竞争下有危险也有机会。我们财务人应不忘初心，不断提高财经理论和新一代技术视野，深入学习华为集成财经变革的精髓，唯有积极拥抱变革才能弯道超车和突围。

2022年3月2日国务院国资委印发《关于中央企业加快建设世界一流财务管理体系的指导意见》，确定了中央企业加快建设世界一流财务管理体系的目标，同时强调：以数字技术与财务管理深度融合为抓手，固根基、强职能、优保障，加快构建世界一流财务管理体系，有力支撑服务国家战

略，有力支撑建设世界一流企业，有力支撑增强国有经济竞争力、创新力、控制力、影响力和抗风险能力。不难看出：大势所趋，财务先行，财务正朝着数字化方向转变，财务数字化转型需求已成为国央企、各行业龙头翘楚企业的需求迫切。同时，财务数字化的发展也给每个财务组织的管理者和个体均提出了更高的期望和要求，财务人才的数字化转型成为当下及未来财务组织需要思考的方向。

"如何重新定义财务价值，寻找自身角色和价值定位，让数字化管理成为赋能财务价值和职能的利刃"成为企业数字化转型重点攻克课题。正如书中华为的案例分享所谈：技术的推动，需求的牵引，华为数字化转型的本质是提升满足个性化需求的能力。以协同、敏捷反应、低成本、及时性和个性化为核心，华为财经作为天然数据中心，其数字化转型思路已经由传统核算型财务向价值导向型进行转变，要面向业务和流程、面向经营和决策、面向客户、面向生态和未来。

赛意业财传承于美的、根植于华为，传承了"强经营、重赋能"的财经管理思维，是国内业财融合最早的倡导者，也是经营财务践行者。我们一直倡导通过业财融合的产品和服务能力落实集团对各经营主体的过程管控，同时通过过程沉淀数据赋能经营。我们通过自身的业财融合平台和咨询服务能力，帮助企业实现全价值链过程的业财税资一体化，并在一体化的过程中落实既定的管理规则。一体化的过程沉淀多口径的业财数据赋能经营，加强了企业的业财融合能力，提升了财务管控的水平，打造了财务的数据能力，为企业财务转型打下坚实的基础。我们依托于长期服务世界500强企业过程中积累下来的财经数字化理论与实践能力经验，在国内业界首次提出经营财务的理念，引导企业财务工作从传统面向交易处理的核算向面向经营战略和业务单元的经营财务转型，引导企业从做财会到运用财会，赋能企业财经职能走向业务、走向管理、走向经营和走向价值。这一理念与本书介绍的华为财经倡导的"一切为了前线，一切为了业务服务，一切为了胜利"的观点不谋而合。

如书中分享所谈，华为财经变革是以企业战略为导向，以业财融合为基础，面向经营业务，一端连接企业战略，一端深入经营业务一线的价值链各个环节；依托共享财务、业务财务和业务系统的信息集成和实时共享，以管理会计工具为主要分析工具；以提供战略支持和提升业务价值创造为目的的财务管理体系，通过数商、洞察、统领与引领等数据化赋能的经营管理过程；打造企业经营管理的"战略、计划、预算、预测、核算"的线上化实时化闭环管理体系。

同时，我非常认同刘老师总结的业财融合的核心思想是全价值链的业财融合和数据赋能，以规则的确定性来应对业务和环境的不确定性，同时确保企业内部和外部流程的端到端闭环打通。财经变革中要注意三个原则：业财税资流程一体化规划、管财数据口径一体化规划、业财管理规则一体化规划。这是业财融合成功的先决条件。

如果说集成财经变革是华为自我革命、自我否定和自我提升的过程，那么业财融合思想则是华为集成财经变革成功的重要秘籍。当传统财务人员向价值创造者转型时，本着"相互成就，价值为王"的初心走向业务至关重要，财务为业务作战提供最实用的财务能力，业务遵从财务要求反馈经营全过程的端到端闭环实情，最终实现以客户为中心，支持高质量业务扩张与内控的和谐统一。华为财经通过"管财融合、业财融合、经营财务"的三轮驱动策略，加上系列业财制度、流程、规范确保高质量推动变革的方法，最终助力华为集成财经变革成功。

总体来说，业财融合在中国的企业微观实践和国家宏观政策上都在发生着重大变化，作为业财融合的研究者和践行者，我也很高兴将业财融合的实践经验和特点分享给广大企业管理者和财务工作者，为中国企业在业财融合建设和深化应用上带来更有价值的参考。

最后，与致力在业财融合数字化转型道路上的同路人一起畅读！

李宏

广州赛意业财执行总裁

序　言

企业是 20 世纪以来社会最主要和参与人口最多的组织之一。作为商业组织，企业存续的主要目的就是盈利和持续创造客户价值。企业经营者管理企业的过程，就是管理价值创造的过程。

经过多年的飞速发展，中国企业已经由之前的粗放式发展迈入了精细化管理时代。时代的发展对企业价值创造的全流程运营效益和效率提出了更高的要求。中国经济由高速增长阶段转向高质量发展阶段，有质量的增长成为企业发展的关键词。

近几年，国际局势动荡，企业经营面临巨大的挑战和风险。在瞬息万变的市场环境下，在企业向现代化、集团化和国际化转型的过程中，企业经营者进行了深度思考：如何最大化地利用企业的资源、信息和财务管控手段，优化组织能力，让企业价值持续增长，使企业发展立于不败之地。企业的资源、信息和管控手段都与财务管理有关，可以说，财务管理已经成为企业经营管理的核心之一。

企业的经营成果最终体现在财务结果上，财务管理能力实质体现了企业的资源配置和资本运作能力。企业运用财务管理工具和方法推动价值创造是一种对准结果管理、行之有效的管理方法。财务思维也是企业经营者、企业高管、业务骨干应具备的管理思维之一。

近年来，中国企业界出现了很多 CFO 任职 CEO 的经历，比如万科集团董事会主席郁亮、TikTok CEO 周受资、京东集团 CEO 许冉等。这些有 CFO 任职经历的 CEO 充分发挥了在 CFO 岗位上积累的对战略和业务的洞察能力、财务规划和经营管理能力、卓越的领导和沟通能力，当他们从 CFO 转到 CEO 的岗位上后，可以很好地把握市场机遇，化解经营风险，将企业带向高质量的增长阶段。

很多企业经营者、管理者、业务人员对如何使用财务管理工具和方法为企业创造价值不甚了解，对财务团队的价值贡献满意度不高。与此同时，企业的财务团队也不清楚如何为企业发挥价值。企业传统的财务工作者将工作重心放在以簿记为主的会计工作上，而会计工作主要在于价值的记录和确认，而不是价值创造。目前，我国有2000多万名会计，会计从业人数已经严重过剩。随着数字化、智能化时代的到来，企业很大一部分基层甚至中层财务人员、财务岗位将被淘汰，但真正懂企业经营、能够进行价值创造的业财融合型财务人员却"一将难求"。

面对外部经营环境的变化，摆在迫切追求财务转型的企业面前的是一些现实难题。企业管理者如何向经营者转型，利用财务方法论和工具，从企业价值创造逻辑来管理企业的价值创造过程？企业的财务人员如何从传统的控制职能向支撑战略制定和业务决策的价值整合者转型？企业的财经组织如何帮助企业高效配置各项资源，确保战略有效落地？企业的财经组织如何深入业务，支撑业务的高质量发展？

企业遇到的现实难题对财务团队提出了更高的要求。企业高管应该具备财务管理思维。财务人员除了具备扎实的财务专业知识，还应该懂战略、懂产业、懂业务、懂经营、懂大数据分析等，如此才能应对越来越复杂的企业财务管理工作。在企业的价值创造过程中，财经组织需要作为价值整合者，应整合企业各项资源要素，促进业务长期有效增长，持续保障财务稳定，平衡扩张与控制、效率与效益、短期与长期之间的关系。

华为从2万元起家发展到如今营收达到近万亿元，30多年不仅持续高速增长，而且经营稳健，如此惊人的成绩已然成为中国企业的标杆，更成为企业界学习的典范。我在写作本书的过程中，华为Mate 60横空出世，搭载了卫星通话、昆仑玻璃，也接入了鸿蒙操作系统和盘古人工智能大模型等。华为携麒麟芯片"王者归来"，低调开售后首个周末便突破了过亿元的销售额。华为通过卓越的经营管理能力，向世人证明了其强大的生存能力。

任正非曾评价，华为成功的核心点是财经体系和人力资源体系。华为以"业务洞察力"和"财经效率"为横纵向坐标轴发展财经组织能力，有序开展财经和业务人员互换和融合，使财经人员懂业务，业务人员懂财经，从而构建混凝土结构的财经作战组织，高效、及时、稳健地抓住机会点，在积极进攻中实现稳健经营的目标。华为财经体系经过不断努力和探索，实现了"凤凰涅槃"，从"最落后"发展到"业界领先"水平，在支撑华为价值创造的过程中发挥了积极作用。

华为集成财经变革的最终追求是以客户为中心，实现企业扩张与内控的和谐统一，成为具有长久生命力的企业。至今，华为财经体系的运作仍然延续了集成财经变革的框架。

华为从 2007 年开启了以集成财经变革为标志的管理变革。此次变革主要体现在三个方面：一是华为使精细化管理成为企业持续成长的基因之一；二是拉开了华为数据治理体系建设的序幕，使企业的财经组织成为业务伙伴和价值整合者；三是支撑了华为从全球化规模增长向全球化有效增长的转型，大幅提升了华为整体的经营管理能力和效益水平。

华为经过 20 来年的持续努力，取得了显著的成效，基本上建立起一个集中统一的管理平台和较完整的流程体系，支撑华为进入了全球行业领先的行列。

作为一个在华为工作了 15 年，在销售、服务、研发、财经等多个领域工作过的资深"老兵"，我亲历了华为从几百亿元营收到近万亿元营收，从国内市场转战海外市场的过程，目睹了华为成为在通信、智能终端、云服务、企业业务、数字能源等多个领域拥有突出行业地位的 ICT 集成解决方案供应商。

我曾常驻海外多年，去过 20 多个国家，在听得见炮声的前线负责过大型通信项目的招投标、商务谈判、合同管理、销售管理等工作，从一个新员工成长为业务骨干，获得了我在华为的第一个个人最高荣誉金牌奖。后来我回到华为总部，亲历了华为最密集的管理变革时期，包括集成产品开发、集成供应服务、线索到回款、集成财经、战略到执行、市场到线索等变革项目，深度参与了集成财经变革和销售到回款变革项目的方案设计和实施工作。在这个过程中，我和埃森哲、IBM 的顾问以及众多来自各个领域的优秀专家一起工作，将一线的实战经验和先进的管理方法相结合，共同设计华为未来的管理框架。在参与华为多项变革项目的同时，我也完成了由实战业务骨干到管理架构设计者的转变。

完成集成财经变革和推行后，我投身财经领域，成为一位百亿级产品线的 CFO。作为有业务背景、通过财经变革转身的 CFO，我天然具备了业财融合的"基因"，也在 CFO 的岗位上充分发挥了这一优势。我参与了产品线战略规划、全预算、经营分析、投资决策管理、产品定价、项目经营等价值创造全过程，为产品线的经营做出了贡献，获得了我在华为的第二个个人最高荣誉金牌奖。

个人金牌奖是华为授予员工的最高荣誉，旨在奖励为企业持续商业成功做出突出贡献的个人。2021 年，华为在岗员工 19.5 万人，共评选出 2374 名金牌个人，金牌个人奖比例仅为 1.2%，可谓"百里挑一"。能够同时在业务领域和财经领域获得华为最高荣誉个人金牌奖，对我而言，既是荣誉，又是激励。

"纸上得来终觉浅，绝知此事要躬行。"正是我在 CFO 的岗位上实践了集成财经变革的方法论，才深刻领悟了业财融合对企业经营管理的巨大价值。

2020 年年初，我离开华为开始创业，成为一家初创科技企业的联合创始人和首席运营官，全面负责企业的市场拓展、运营、投融资、财务管理等工作，经历了创业企业从 0 到 1 的过程。后来，我又开始从事管理咨询工作，辅导了多家上市企业、专精特新企业的管理优化工作。

创业和从事管理咨询工作的经历，使我接触到了众多不同规模、不同类型、不同行业的企业，也深刻认识到中国企业的管理现状和面临的发展问题。企业从创立到不断成长是一个非常艰难的过程，每前进一步，不仅需要产品、服务的迭代，市场的扩展，商业模式的升级，还需要企业管理水平的提升。

中国从改革开放后，才逐步有了市场化运作的企业。而西方自工业革命以来，积累了数百年基于市场机制的成熟的企业管理方法论，在中国改革开放之后，被外企和西方咨询企业引入中国。华为作为中国早期国际化的企业之一，很早便开始学习西方成熟的企业管理方法论，并结合中国的传统文化，内化为具有中国特色的管理实践。

管理是一项长期投入，华为花费几百亿元的咨询费用持续变革，才练就了卓越的管理能力。华为 CFO 孟晚舟女士曾在 2021 年华为年报发布会上表示："华为的最大财富是人才储存、思想储存、理论储存、工程储存和方法储存，以及我们内部流程管理的高效有序的储存。这些才是我们靓丽财报背后华为真正的价值。"

华为在竞争激烈的通信行业，通过一次次变革，完成了一次次蜕变，成就了今天的华为。华为在边实战边学习中总结出来的具有中国特色的经验，值得那些希望走向更大规模、走向国际化的企业学习和借鉴。华为管理实践最大的特点就是对准价值创造进行商业闭环，通过战略到执行流程，将各责任中心、各业务领域、各类资源拉通，向企业整体经营结果实现闭环。财经组织在华为各个责任中心、业务领域面向价值创造进行商业闭环的全流程中发挥了巨大价值，这是确保华为整体价值为王的关键能力，也是集成财经变革和业财融合的主要目标。

"滔天巨浪方显英雄本色，艰难困苦铸造诺亚方舟"，这个时代的中国企业面临前所未有的挑战，也面临着巨大的时代机遇。为助力企业转型为战略落地、业财融合的价值创造型组织，帮助财经团队从传统会计转向业务战略合作伙伴和价值整合者，我将这么多年集成财经变革和业财融合的实践经验加以总结，写出《价值为王：集成财经变革与业财融合之道》一书。

我亲历了华为全球化历程，深度参与过华为集成财经管理变革，在销售、交付、研发、财经等多个业务领域工作过，有理论功底，也有业财融合的实战经验。我将通过这本书为读者揭示华为财经的发展历程、集成财经变革的动因、核心思想、变革架构以及华为业财融合管理实践好秘诀，解密华为财经从"最落后"到"业界领先"、从记账会计到业务合作伙伴及价值整合者的转型历程，结合中国企业在财务管理方面面临的实际问题和痛点，为中国企业的财务管理转型提供借鉴和参考。

作为一个有业务背景、在实战中成长起来的财务人，我在写作过程中没有使用过多晦涩的会计术语和复杂的财务公式，而是从企业全盘视角出发，用业务的语言展现如何使用财务的工具和方法经营业务。因此，本书适合企业家、企业高管、财务人员和业务人员阅读。

"道阻且长，行则将至；行而不辍，未来可期"，希望本书能为您的企业"出谋划策"，为您的事业"添砖加瓦"。本书基于我的工作经历和个人对企业财经变革、业财融合的理解写作完成，涉及内容广泛，其中不免有一些认识上的不足，欢迎指正。

感谢指导我进行专业写作的机械工业出版社刘怡丹编辑；感谢华为给予我在变革项目组学习和成长的机会，在实战中锻炼和实践的机会；感谢当年推荐我加入集成财经变革项目组的胡志宇先生，以及我加入项目组后，带我领悟变革精髓的陶然先生、蒋业睿先生和李海波先生；感谢一直鼓励和支持我的易翔先生。"海尔谆谆，意之殷殷"，没有他们，就没有今天这本书的出版。本书第十一章特别感谢我的前华为同事——华夏智城创始人、资深数字化转型专家宋伟先生，感谢他提供的写作与指导意见，本书才能完整地呈现企业从业财融合到数字化落地的全部内容。最后，我也感谢在百忙之中为我推荐作序的各位优秀企业家和专家学者，感谢所有支持我的亲人、朋友、同事，以及给我灵感和启发的企业高管、同行和专家。

这是一个伟大的时代，"在广袤的空间和无垠的时间里，能与您共享同一颗行星和同一段时光，是我莫大的荣幸"，能与您相遇，共同开启企业财务管理的进阶之旅也是我的荣幸，期待您有所收获！

刘志娟

2023 年 10 月于深圳

目　录

第十一章　支撑价值创造的财经
数字化转型 / 225

后记 / 244

第一章

价值为纲：

追求企业的长期
有效增长

第一节
企业以创造价值为中心

企业的经营过程是一个组织资源、创造价值并对价值进行评估和分配的过程。企业财务管理的主要目标是追求企业价值最大化。企业经营者在决定企业的各项经营决策是否可行时，必须以这些决策是否有利于增加企业价值为衡量标准。

那么，什么是"企业价值"？

很多人会将"利润"与"企业价值"混为一谈，其实二者有着本质的区别。利润是企业全部资产的市场价值中所创造价值中的一部分。企业价值也不是指企业账面资产的总价值，由于企业商誉的存在，通常企业的实际市场价值远远超过账面资产的价值。**"企业价值"是指企业本身的价值，是企业有形资产和无形资产价值的市场评价。**

企业对企业价值的追求通常有以下三种。

第一种是股东价值最大化。该价值主张企业经营以最大化股东利益为最终目标，以此来保护股东的权益。20世纪90年代初，全球著名管理咨询和资本顾问公司思腾思特（Stern Stewart）咨询公司提出的经济增加值（Economic Value Added，简称 EVA）评价系统，就是以"股东价值最大化理论"为基础。

第二种是企业价值最大化。企业价值最大化又称"企业市场价值最大化"，主张企业经营以企业市场价值最大化为最终目标。"企业市场价值"

是指企业全部资产的市场价值，主要表现为企业未来的收益，以及根据与这些收益相对应的风险报酬率作为贴现率计算的现值，即未来现金净流量的现值。

第三种是利益相关者。 该价值主张企业经营除了要考虑股东的利益，还要考虑其他利益相关者的利益。企业可以通过设置相应的评价指标来反映各方利益相关者的利益保障程度。从财务管理的角度来看，企业价值有多种不同的表现形式，如账面价值、市场价值、评估价值、清算价值和拍卖价值等。延伸到管理学领域，企业价值可定义为企业遵循价值规律，通过以价值为核心的管理，使所有企业利益相关者（包括股东、债权人、管理者、普通员工和政府等）均能获得满意回报。显然，企业的价值越高，企业给予利益相关者回报的能力就越高。

对于上述三种价值追求，企业应该选择哪一种？我们先来看看华为是如何选择的。

华为是世界 500 强企业中唯一没有上市的企业。华为的董事会明确企业价值不以股东利益最大化为目标，也不以利益相关者（包括员工、政府和供应商等）的利益最大化为目标，而是以客户利益为核心。

华为定义"长期有效增长：短期看财务指标；中期看财务指标背后的能力提升；长期看格局，以及商业生态环境的健康、产业的可持续发展等。商业成功永远是我们生命全流程应研究的问题。管理要权衡的基本问题是现在和未来、短期和长期。"[⊖]

任正非对企业价值的评价可谓鞭辟入里，一针见血。那么，如何理解这段话呢？

短期看财务指标。 财务指标主要体现在企业财务三张表，即资产负债表、利润表和现金流量表。这三张表上的数据最直观地展示了企业价值。

⊖ 本书中出现的任正非的语录部分来自《价值为纲：华为公司财经管理纲要》，黄卫伟主编，中信出版集团。

通过这三张表，企业经营者能够从多个维度看出企业经营状况的好与坏。

资产负债表反映了企业所掌握的经济资源、承担的债务以及偿债能力，体现出企业所有者享有的权益和企业经营模式特点。利润表反映了企业的盈利状况、利润构成、税金缴纳情况，能预测企业未来的发展趋势。现金流量表体现出企业资产的流动性，反映了企业营业现金及盈余产生能力、外源融资能力和投资变现能力，是企业生存的血液。如果企业和业务单元经营状况良好，那么资产、营收、利润、现金等财务指标表现也会相对良好且平衡。

华为每年以中长期财务规划（Strategic Plan，简称SP）和当年商业计划（Business Plan，简称BP）作为驱动经营的"主轮"，这些都是以财务指标为基础的。各业务单元的经营成果如何，财务指标能给出最直接的证明。华为强调**"深淘滩，低作堰"**，虽重视财务利润，但不追求利润最大化，不看重短期利润，而是将大量的盈利用于增强未来的投入，通过不断降低内部运营成本，让利给客户和供应商，实现企业的可持续发展。

中期看财务指标背后的能力提升。在优秀的财务指标背后，企业必然拥有某些优秀的能力。如果一家企业增长速度一直很快，那么背后一定有强大的销售团队或者出色的产品做支撑。企业的财务指标能否持续良好，取决于企业的某几项核心能力能否持续超越他人，从而持续获得竞争优势。

华为面向中长期发展的最重要的能力是研发能力。《华为基本法》规定了华为每年的研发投入占收入规模的比重不能低于10%。2013年，华为的研发投入占收入规模的比重为13.2%。2022年，华为的研发投入达到1615亿元，研发费用率达到25.1%，创造了历史最高水平。对于华为这样的高科技企业而言，持续不断的研发投入提升了企业强大的研发能力，这是华为财报背后巨大的无形资产，也是华为保持源源不断的创造价值能力的重要原因之一。

长期看格局，以及商业生态环境的健康、产业的可持续发展等。首先，企业经营者要选择具有广阔前景和巨大市场空间的产业和赛道。百亿级、千亿级和万亿级的市场空间所对应的赛道是不一样的。如果企业经营者想把企业做成千亿市值的规模，就不能选择百亿级市场空间的赛道。企业经营者一旦选定赛道，就要在战略上敢于投入，不断创新，构筑面向未来的技术优势，提升企业竞争力。企业要想保持长期且有效增长，就要构筑最优的商业模式，为客户提供最优质的产品、最好的服务，以此赢得客户的信任。

其次，企业经营者要看企业的经营结果是否健康、稳健，是否能支撑起企业的长期生存和发展。为此，企业经营者要关注长期与短期、扩张与控制、效益与效率的均衡。**企业规模增长必须是正向的利润、正向的现金流、正向的人效**。企业要和利益相关者（包括股东、客户、供应商和合作伙伴等）形成和谐的生态，建立合理的利益分享机制，通过开放、合作、共赢的方式，构筑有利于企业发展的长期环境。

总结一下，企业对企业价值应该追求长期有效增长——"短期看财务指标"是为了企业当期的生存；"中期看财务指标背后的能力提升"是为了着眼于企业未来的发展；"长期看格局，以及商业生态环境的健康、产业的可持续发展等"是为了企业长久发展，持续经营。企业在短期保证生存之后，要把利润投入到中期能力建设和长期战略发展上，对企业现实获利能力和未来潜在变现能力进行综合评估。

经营企业无论是选择先扩大规模再提升盈利，还是选择不计短期利益而坚持增加投入，都需要企业经营者根据企业自身实际情况和所处的发展阶段来决定。所谓"万变不离其宗"，企业经营者无论做出怎样的经营决策，都要以企业价值为纲，以创造企业价值为中心，回归商业的本质。如此，企业经营者才能经营好企业，使企业价值持续增长。

第二节
从 Mate 60 热销，看华为的长期价值经营理念

2023 年 8 月，华为 Mate 60 横空出世。它低调开售后的首个周末便突破了亿元大关。华为 Mate 60 的热销意味着华为终端在技术上取得了重大突破。不仅如此，华为的数字能源、云计算、智能汽车解决方案也都发展迅猛，为华为整体经营做出了巨大贡献。

据华为的 2023 年年中财务报告显示，华为上半年实现销售收入 3109 亿元，同比增长 3.1%，净利润率达 15.0%。其中，终端业务实现收入 1035 亿元，停止下滑趋势，同比微增 2.17%。"轻舟已过万重山"，华为已经走出了最困难的时期，重新崛起是必然趋势。

华为 2020—2022 年销售收入与净利润对比如图 1-1 所示。

华为在 2023 年的年中业绩发布会上表示，企业的管理水平与运营效率已经得到了显著提升。同时，华为还调整了销售策略，优化了产品结构，这些对企业利润产生了积极影响。2021 年，华为 CFO 孟晚舟女士在华为年中业绩发布会上提到华为净利润改善的原因："这主要是来自公司在这两个方面的措施：一方面是我们对产品的销售结构进行了调整，使得我们的销售毛利率得到了较好的提升；另一方面，我们对整个供应计划进行了更好的协同管理，这也极大地改善了从订单到收入的整个周期。同时，由于华为在信息与通信技术领域持续的技术积累，通过数字化运营极大地推动了内部作业效率的提升。"

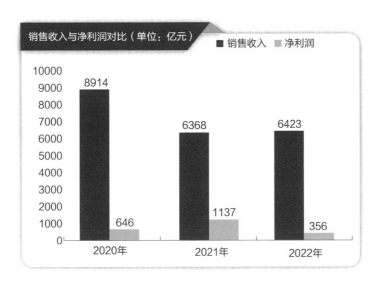

图 1-1　华为 2020—2022 年销售收入与净利润对比

从以上华为的官方答复中我们可以看出，华为之所以能够取得不俗的成绩，主要取决于三个方面：一是通过销售策略和产品结构改变商业运作模式；二是不断提升管理水平和运营效率；三是持续围绕客户不断进行研发投入。华为通过调整销售策略和产品结构，改变与客户交易的方式，可以很快产生积极效果。比如，当海外市场萎缩时，华为迅速将海外团队调配到国内，在存量优势市场进一步深耕细作；华为成立了面向各种商业场景的"军团"，能够迅速开辟新的"战场"；华为还在数字能源、智能汽车、云计算等新业务上加大投入。企业通过销售策略和产品结构改变商业运作模式，是一种能够快速改善财务结果并创造价值的市场行为。华为提升管理水平和运营效率，并持续围绕客户不断进行研发投入，则是一个厚积薄发的过程。让我们回顾华为的成长史，看看它是如何实现厚积薄发的。

华为创立于 1987 年，以 14 人的规模，经过多年的发展，2022 年实现销售收入 6423 亿元。纵观华为的发展历程，并不是一帆风顺的，2002 年华为出现过一次负增长，当年华为销售收入从上一年的 225 亿元下滑至

221亿元。2011年，任正非曾在一篇内部文章中回忆"华为的冬天"："2002年，公司差点崩溃了。IT泡沫的破灭，公司内外矛盾的交集，我却无能为力控制这个公司，有半年时间都是噩梦，梦醒时常常哭。"最终，华为依靠长期价值理念顽强地挺过了"冬天"，迎来了阳光明媚的"春天"。

如今，华为的业务遍及全球100多个国家和地区，服务人口超过全球1/3。尽管近年来华为外部发展环境受限，海外销售收入有所下降，但自2005年海外销售收入首次超过国内销售收入以来，华为海外销售收入的比重一直保持在50%~70%。

华为员工来自全球近160多个国家和地区，海外员工本地化比例约为70%。华为在全球多个国家建立了研发中心和联合创新中心，并在多个国际标准化组织和开源组织中担任重要职务。华为的三大财务风险控制中心分别设在伦敦、东京和纽约，充分利用三个地域的不同特征，确定不同的财务风险控制策略。无论是在市场拓展、人才资源还是产品上，华为都实现了全球化布局。

作为一家科技企业，华为以其卓越的领导力和战略、持续的科技创新和研发、全球化布局等因素，成功实现了"弯道超车"，创造了中国企业发展的奇迹。一家企业的商业成功有着诸多因素，回看华为的发展史，其商业成功离不开企业始终坚持以客户为核心，追求企业长期有效增长和长期价值的经营理念。

华为的董事会明确表示：华为不以股东利益最大化为目标，也不以其利益相关者（员工、政府、供应商等）利益最大化为目标，而是坚持以客户利益为核心的价值观。由此可见，财务回报最大化并不是华为的经营目的。华为坚持"客户价值优先股东利益""深淘滩，低作堰""研发投入不受利润约束"，强调通过长期的技术创新和研发能力的构建，不断提高企业的核心竞争力，为客户提供高质量低成本的产品，为企业长期发展构筑强大的护城河。

在这种长期主义战略的坚持下，华为每年将收入的10%以上的资金投入研发。2022 年，华为在经营面临巨大压力的情况下，研发费用不降反增，达到了史无前例的 1615 亿元。近十年来，华为累计投入的研发费用近万亿元。

由于在研发上的持续投入，华为在技术和服务上获得了绝对的竞争力，逐步战胜了爱立信、诺基亚、阿尔卡特、朗讯等竞争对手，成为通信领域的领导者。借助在通信领域的技术积累，华为在智能手机领域一度超越三星，成为全球第二大智能手机品牌。华为一直在信息和通信技术（Information and Communications Technology，简称 ICT）领域持续投入，即使进入企业业务、云服务业务、数字能源业务等，也是利用在 ICT 领域积累的技术优势，在新的应用场景下持续发力。

在市场环境剧烈变化的几年里，华为销售收入有所下滑，但仍然保持比以往更高的研发投入，不仅顽强地生存了下来，还完成了麒麟芯片、鸿蒙操作系统、盘古大模型等技术的开发和升级。

目前，华为是全球专利持有企业之一，在全球共持有有效授权专利 12 万件；2022 年专利合作协定（Patent Cooperation Treaty，简称 PCT）国际专利申请量为 7689 件，排名全球企业榜首。研发员工约占总员工数量的 55.4%。2023 年，华为对外公开透露 2022 年华为专利许可收入约 5.6 亿美元，这意味着华为在专利上的布局开始进入收益期。

华为很早就明确自己的战略目标是"坚持聚焦管道的针尖战略，有效增长，和平崛起，成为 ICT 领导者"。这是一种非常明确的长期主义战略，不投机，不短视，认定目标便心无旁骛地前进。这么多年，华为始终坚持在 ICT 领域深耕，即使进入其他行业，也是成为这些行业数字化、智能化解决方案的提供商。甚嚣尘上的"华为是否造车"的战略之争，最终尘埃落定，华为选择了不造车，而是成为智能汽车解决方案提供商。

华为有一个很清醒的认识：随着数字化、智能化时代的到来，万物皆可互联，连接是最大的需求，而华为做的就是全连接的管道供应商，只要聚焦这一点，就是巨大的机遇。集中资源在华为优势领域和战略领域不断投入，提升竞争力，而非将资源耗散在非核心业务，这是华为的长期经营策略。做难而正确的事，正是华为成为行业领导者的重要原因之一，也是华为追求的长期价值。

第三节
华为通过变革践行长期价值理念

华为的企业文化强调一切向前看，强调在不同时期、不同环境下不断进行调整，调整的精髓是"**用规则的确定应对结果的不确定**"。2022年，感受到来自市场环境变化的压力后，任正非快速调整华为的战略方向，在内部讲话中明确提出："华为应改变思路和经营方针，从追求规模转向追求利润和现金流，保证度过未来三年的危机。**把活下来作为最主要纲领，边缘业务全线收缩和关闭，把寒气传递给每个人。**"

任正非认为，一家企业运作时间长了，员工可能会逐渐产生惰性。因此，要不断地进行改良和变革，实现熵减，让企业的发展过程能够持续保持活力、延长组织寿命。他曾在2000年年底，写下著名的《华为的冬天》，阐明了危机意识："危机并不遥远，死亡却是永恒的，这一天一定会到来，你一定要相信。从哲学上，从任何自然规律上来说，我们都不能抗拒，只是如果我们能够清醒地认识到存在的问题，我们就能延缓这个时候的到来。繁荣的背后就是萧条。玫瑰花很漂亮，但玫瑰花肯定有刺……我们不能居安思危，否则就必死无疑。"

任正非的管理思想深刻地影响了华为的管理者和员工，从而在整个企业形成了强烈的危机意识，这种危机意识促使华为不断进行自我批判和变革调整，这是企业能够持续发展，保持创造价值能力的基础。纵观华为的发展史实则就是一部企业变革成长史，我们可以通过理解华为是如何践行长期价值的经营理念，发现其独特的经营策略，从而为我们经营企业提供有价值的参考。华为的变革成长史如图1-2所示。

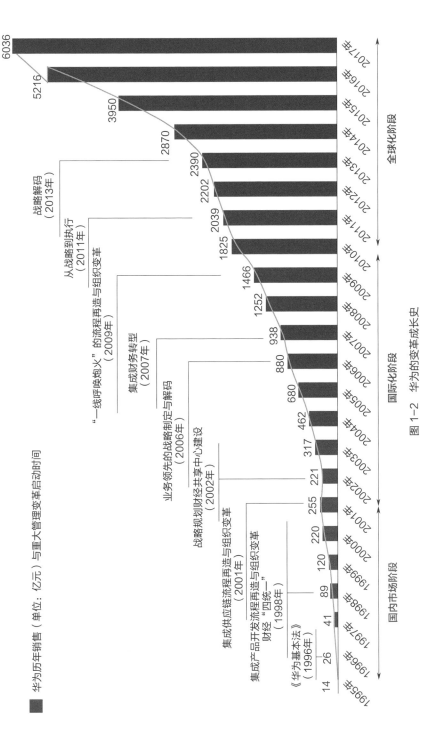

图 1-2　华为的变革成长史

■ 华为历年销售（单位：亿元）与重大管理变革启动时间

6036　2017年
5216　2016年
3950　2015年
2870　2014年
2390　2013年
2202　2012年
2039　2011年
1825　2010年
1466　2009年
1252　2008年
938　2007年
880　2006年
680　2005年
462　2004年
317　2003年
221　2002年
255　2001年
220　2000年
120　1999年
89　1998年
41　1997年
26　1996年
14　1995年

战略解码（2013年）
从战略到执行（2011年）
"一线呼唤炮火"的流程再造与组织变革（2009年）
集成财务转型（2007年）
业务领先的战略制定与解码（2006年）
战略规划财经共享中心建设（2002年）
集成供应链流程再造与组织变革（2001年）
集成产品开发流程再造与组织变革（1998年）
财经"四统一"
《华为基本法》（1996年）

全球化阶段
国际化阶段
国内市场阶段

归纳起来，我认为华为在践行长期价值理念上主要有三大变革策略：统一思想、业务变革和组织变革。

一、统一思想：制定《华为基本法》，形成价值创造的组织合力

1996 年，华为还没有形成统一的管理规则，企业管理混乱，员工士气低落。恰逢此时，几位中国人民大学的教授在华为授课，任正非邀请他们为华为起草统一的管理规范，也就是如今被社会熟知的《华为基本法》。

《华为基本法》的制定历程跨越了 1996—1998 年三年的时间。在这期间，华为组织全体员工围绕"华为到底要成为一家什么样的企业"以及"华为要走向何方"等核心问题展开了深入讨论。通过一系列讨论与思考，企业全体员工的思想得以统一，从而奠定了华为文化和管理的基础。因此，《华为基本法》不仅仅是创始人意愿的体现，更成为集体共识的象征。《华为基本法》虽然是 20 多年前发布的，但是今天看来，大部分的观念依旧非常领先。

《华为基本法》共分为六个部分，全面而详尽地阐述了华为的愿景与价值观，以及实现这一愿景所需的步骤和目标。第一部分明确阐述了华为的核心价值观、基本的成长目标以及价值分配，清晰地定义了"华为的身份"；中间的四个部分是企业管理内容，包括经营政策、组织政策、人力资源政策和控制政策，这些内容系统地梳理和界定了华为经营管理的边界，全面地表述了企业何所向、何所为和何所不为，以及如何执行；最后一部分则针对接班人问题和基本法的修改，明确了华为在关键方面的行事原则。

《华为基本法》作为华为企业文化和未来发展的总纲，对华为的发展起到了深远的影响。在 2021 年的年报发布会上，华为 CFO 孟晚舟女士在介绍当年华为研发投入时说道："将华为年收入的 10% 固定投入到研发领域，这一条是写进了《华为基本法》的。"由此可见，《华为基本法》是华为

高速稳健成长的重要保证，也是华为在管理上践行长期价值理论的重要理论基础。

二、业务变革：学习西方先进的价值创造机制和管理体系

1995 年，华为开始确立国际化战略，逐步拓展国际市场。随着企业规模的不断扩大，华为内部的管理问题日益凸显，已无法适应国际化的发展需求。

1997 年，任正非带队赴美，参观了美国众多知名企业，包括微软、IBM、惠普、贝尔实验室等，深刻感受到美国企业在内部管理和流程机制建设上的超前之处。任正非对此深受触动，在此期间便起草了一份长达100 多页的文档，详细阐述了华为应该向西方企业学习的方方面面。

在参观 IBM 时，任正非了解到 IBM 进行了集成产品开发（Integrated Product Development，简称 IPD）变革，这一变革有效地解决了产品开发的问题。受此启发，任正非决定邀请 IBM 协助华为进行业务变革。从此，华为开启了一场轰轰烈烈且长达 20 多年的业务变革之旅。

IPD 变革的实施，采用了标准化的产品研发流程和模板，进而在华为内部确立了产品标准化的经营理念。更为重要的是，IPD 变革帮助华为构建了一个以经营结果为基础的评价体系。在 IPD 变革之前，华为对研发人员的考核更侧重技术和能力；在 IPD 变革之后，华为要求每个部门为产品的最终经营成果负责，引导研发工程师向以市场需求为导向的商人工程师转变，生产出更加符合市场需求的产品。

IPD 变革使华为在研发上实现了两大改变：一是由能成功开发单个产品转变为能量产成功产品；二是从偶然成功走向必然成功，为后续持续研发并上市新产品奠定了坚实的基础。

基于 IPD 变革取得的成功，华为接下来在其他领域也展开了一系列的变革。1999 年，华为启动了集成供应链（Integrated Supply Chain，简称

ISC）变革。经过数年改革，华为大幅提升了供应链体系的效率。2010 年，
华为启动了线索到回款（Lead to Cash，简称 LTC）变革，通过不断优化以
客户为中心的运作和管理，提升了整体经营指标（包括财务指标、客户满
意度指标和运营绩效指标），实现了卓越运营。此外，华为还在客户关系
管理、集成服务交付、战略到执行等领域进行了变革，业务变革基本覆盖
了企业的各个方面。

在财经方面，早在 2005 年，华为开始搭建全球统一的会计政策、核算
流程和会计科目体系，并随后建立了共享海外的核算组织以及七大共享中
心。财经变革使华为从每个月财务报告"难产"，转变为能在 5 天内发布
财务报告，管理者可随时通过计算机或手机端查看企业财务报告。

在数字化转型的道路上，华为也成了业界标杆。2007 年，华为以集成
财经变革为标志的管理变革和数字化转型，不但揭开了华为数据治理体系
建设的序幕，也支撑了华为从全球化规模增长向全球化有效增长转型，极
大提升了华为的整体经营管理能力和效益水平。

三、组织变革：解决好价值评价和分配问题，推动企业持续 发展

除了管理变革、业务变革，华为还进行了组织变革。

1990 年，华为第一次提出内部融资、员工持股的概念。2001 年年底，
华为实行员工持股改革，明确规定不再向新员工派发长期不变的一元一股
的股票，而老员工的股票也逐渐转化为期股，即所谓的"虚拟受限股"。
虚拟受限股是华为投资控股有限公司工会授予员工的一种特殊股票。每年，
华为根据员工的工作岗位、能力水平和对企业的贡献，决定其获得的股份
数。员工可以按照华为当年净资产价格购买虚拟受限股。拥有虚拟受限股
的员工可以获得一定比例的分红和虚拟受限股对应的企业净资产增值部
分，但没有所有权、表决权，也不能转让和出售股票。在员工离开企业时，
股票只能由华为投资控股有限公司工会进行回购。华为的全员持股制度开

中国企业之先河，是华为"以奋斗者为本"，将知识资本作为企业重要价值创造要素的具体体现，这从根本上激发了员工的活力和战斗力，充分释放了员工的价值创造能力。

1997 年，华为开启了人力资源变革，构建了岗位素质模型和任职资格体系。任职资格体系最初从秘书岗位开始实施，取得显著成效后，迅速在其他岗位进行推广。之后，人力资源变革持续进行，形成了一套系统性的制度，包括人才选拔、任职资格设定、岗位薪酬确定和绩效管理及激励等。华为通过任职牵引、人岗匹配和定岗定薪，"炸"开了人才金字塔，为企业快速发展提供了源源不断的人才。

轮值 CEO 制度是华为组织变革中最重要的一环。华为从成立之初，一直由孙亚芳担任董事长，负责对外协调；任正非作为 CEO，负责对内管理。2004 年，美国人力资源咨询公司美世（Mercer）为华为设计了经营管理团队制度（Executive Management Team，简称 EMT），由董事长、总裁以及六名分管不同领域的副总裁组成高层决策团队。这种设计可以从制度上保证华为高层决策的流程化和科学化，构建了群体决策的机制，避免了将重大决策集中在个别人身上。EMT 实行轮值制，华为的战略制定、重大投资决策和预算审批等重要战略和决策均在 EMT 下进行。

2010 年，华为针对以市场和客户为中心的业务变革需求，建立了运营商网络业务、企业业务、终端业务和其他业务四大业务集团（Business Group，简称 BG），将轮值主席制度转为轮值 CEO 制度。轮值 CEO 由三名华为副董事长轮流担任，轮值周期为半年。在任期间，轮值 CEO 作为企业经营管理和危机管理的最高责任人，对企业的生存和发展负责，并担任企业最高经营决策会议的召集人和主持人。后期，轮值 CEO 的职务被更名为轮值董事长，孟晚舟女士是最新一任轮值董事长。

轮值 CEO 制度成功地解决了华为接班人的问题，以集体智慧取代个人智慧，避免了个人英雄主义，有利于组织的稳定和长远发展。

孟晚舟女士在华为 2021 年年度报告发布会上曾表示："华为的最大财富是人才储存、思想储存、理论储存、工程储存和方法储存，以及我们内部流程管理的高效有序的储存。这些才是我们靓丽财报背后华为真正的价值。"正是这一系列的变革，奠定了华为强大的管理基础，形成了卓越的组织能力，使华为在面临外部强大压力时，能够不断转换新的航道，并保持稳定发展。

不论是统一思想，通过《华为基本法》形成组织合力，还是大刀阔斧地进行业务变革和组织变革，华为都是在持续提升价值创造能力，践行长期价值的经营理念。华为不追求短期的利润最大化，而是聚焦长期的战略目标和以客户为中心的核心价值观，这是形成华为战略控制点和战略长期竞争能力非常重要的手段和方法，也是华为对长期有效增长内涵的理解。

第四节
变革是提升企业价值创造能力的主要途径

窥一角而知全貌。通过华为的变革历程，我们可以看出，一家企业要想成功，早期靠的是抓住了某个市场机会，解决了某个市场痛点。但随着企业规模的扩大，企业要想持续抓住机遇，实现可持续发展，就需要不断总结成功的要素，并根据外部环境及时进行优化和调整。尤其是现在市场环境瞬息万变，企业经营者更要强化危机意识和学习意识，持续变革，提升企业价值创造能力和核心竞争力，如此才能赢得生存和发展的机会。

对一家企业而言，如果其善于发现机遇，并迅速做出敏锐的判断，抓住机会进行变革，那么将会取得事半功倍的效果。同时这也是衡量一家企业是否能赢得优势、赢得挑战、赢得未来的关键。

那么问题来了，面对社会发展带来的稍纵即逝的变革时机，企业是否能"春江水暖鸭先知"，是否能敏锐地洞察出变革的机遇，并迅速抓住这一变革的大好时机，是许多将要变革的企业经营者面对的难题。

企业要做好变革，需要抓准内、外环境的变化。

一、外部环境：物竞天择，适者生存

谈及企业的变革，不得不提到工业革命的变革。因为企业作为社会经济发展的重要推动力，与每一次工业革命的波澜壮阔紧密相连。人类在工业上进行了四次变革，这四次革命先后把人类带入四个时代——蒸汽时代、电气时代、信息时代和智能时代。四个时代又对应四种社会形态——蒸汽化社会、电气化社会、信息化社会和智能化社会。

"蒸汽时代"。18世纪60年代，蒸汽机的发明标志着第一次工业革命拉开序幕，催生了现代企业的雏形，使生产过程实现了规模化和集约化。此次工业革命迅速蔓延至整个欧洲大陆以及北美地区，极大地推动了这些国家和地区的经济发展。蒸汽机的发明及运用成为这个时代的标志，因此历史学家称这个时代为"蒸汽时代"。

"电气时代"。19世纪70年代，第二次工业革命开启，电力用来带动机器，成为补充和取代以蒸汽机为动力的新能源，进一步推动了企业的规模扩大和效率提升。

"信息化时代"。20世纪50年代，科学理论有了重大突破，以原子能、电子计算机、空间技术和生物工程的发明和应用为主要标志，涉及信息技术、新能源技术、新材料技术、生物技术、空间技术和海洋技术等诸多领域的第三次工业革命轰轰烈烈开启，人类由此步入"信息化时代"，企业进入了全球化和网络化的新阶段。

"智能时代"。如今，我们正处于第四次工业革命的浪潮之中，人工智能、生命科学、物联网、机器人、新能源、智能制造等一系列新技术所带来的物理空间、网络空间和生物空间三者的融合，正在深刻地改变着企业的运营模式和竞争格局。在这个过程中，企业不仅需要紧跟技术的步伐，更需要寻找到适应新时代的创新路径。

物竞天择，适者生存。在四次工业革命的历程中，成功的企业顺应时代发展的趋势，快速地学习和变革，在技术的变革中实现了自身的转型和升级。

1913年，美国"汽车大王"亨利·福特首创流水线生产方式，他在产品标准化、零件规格化、工厂专业化、作业专业化、机器及工具专门化的基础上，利用高速传送装置，使生产过程成为流水作业线，大大降低了成本，提高了劳动生产率。

在手工生产时代，装配一辆汽车需要 728 个小时，福特设计的流水线生产方式将这一时间缩短至 12.5 个小时，后来又将生产效率提升至每 10 秒钟装配一辆汽车。在此之前，一辆汽车的售价为 4700 美元左右，而到了 1914 年，一辆汽车的售价降为 360 美元。

"汽车的价格每下降 1 美元，就为福特多争取来 1000 名顾客。"福特的市场份额从 1908 年的 9.4% 上升至 1914 年的 48%，汽车第一次成为大众交通工具。汽车带来的巨大社会变革，至今仍未被互联网超越。流水线生产方式甚至成为资本主义和工业化的象征。

成功的企业都是相似的，失败的企业各有各的原因。福特汽车顺应时代发展潮流，通过变革，创造了工业史上的奇迹。有的企业无视时代的变化，故步自封，最终淹没在历史的长河中。

1975 年，柯达发明了世界上第一台数码相机，此后一直在感光胶片行业居于领先地位。此时，柯达的竞争对手富士难以望其项背。然而，时代在发展，感光胶片行业里新技术层出不穷，数字产品日益丰富，柯达和富士对此做出了不同的选择。富士选择积极拥抱变化，而柯达却选择了停滞不前。

2000 年，柯达的数字化产品比例只有 20%，而富士的数字化产品比例已经达到 60%。2012 年，柯达宣布破产，富士市值达到 120 亿美元。究其"江山易主"背后的根本原因是：柯达没有及时变革，通过转型进入数码时代，错过了时代发展机遇，最终被时代所淘汰。这充分说明，企业必须随着市场环境的变化进行变革，**唯有变革不止，企业才能实现可持续发展**。

如果柯达的案例还不能让企业经营者感受到变革的重要性，那么我们再来看一个因为不变革而死亡的案例。

摩托罗拉创立于 1928 年，发明了第一台手持对讲机，在第二次世界大战中大放异彩，成为享誉世界的品牌。1969 年，"阿波罗 11 号"成功登月，阿姆斯特朗那句经典的"这是我个人的一小步，却是人类的一大步"，正是通过摩托罗拉的通信设备传回地球的。20世纪80年代，摩托罗拉是无可争议的1G时代的王者。之后，因为技术崇拜，摩托罗拉推出野心勃勃的"铱星计划"，但因为投资巨大及各种原因，最终此计划惨败。这次失败让摩托罗拉元气大伤，同时由于未能及时变革转型，在2G时代逐步被诺基亚超越。后来，摩托罗拉移动被谷歌和联想先后收购。如今的摩托罗拉只剩下摩托罗拉系统，市值约为220亿美元。由一个通信行业的巨头成为普通的政企服务商，摩托罗拉上演了一曲"盛极而衰"的悲歌。

如今，我们身处BANI[⊖]时代，不确定性、脆弱性和焦虑成为常态。对于企业而言，既有的发展和管理模式需要不断调整；对于个人而言，原有的知识结构和能力模型需要不断迭代。无论企业还是个人，都需要不断革新，不断进化，不断转型，只有在脆弱的环境中更加坚韧、稳健地发展，才能适应日新月异的环境，赢得生存空间。

二、内部环境：以规则的确定性来应对业务和环境的不确定性

除了外部环境的变化提供的变革机遇，企业内部环境的变化也是企业变革的信号之一。企业内部环境是指企业自身发展的不同阶段。

通常而言，企业发展一般分为五个阶段。

阶段一：企业初创期。刚创立的企业处于初创期。这一阶段的企业发展以机会驱动为主，企业经营者对机会和关键生产要素的把握至关重要。处于艰难初创期的企业，需要在产品、业务方向以及盈利模式上不断试错。在此阶段，管理的作用相对有限，企业更多依赖于企业创始人的领导力而发展。

处于初创期的企业，面临最大的风险和问题来自以下三个方面。

- 商业模式不成立，产品（服务）市场验证失败。
- 资源和能力不足（资金不够多、经营者本身不具备经营企业的能力）。

⊖ BANI，取自四个英文单词Brittle（脆弱的）、Anxious（焦虑的）、Nonlinear（非线性的）、Incomprehensible（费解的）首字母的大写。

- 企业内部核心团队磨合不足,没有明确的合作规则,分不清权利、责任和利益的边界。

企业要想从初创期成功进入初步发展期,需要把摸索出来的单点成功模式变成可复制、可推广的成功模式。

阶段二:初步发展期。当企业的产品和服务经过市场检验,并积累了第一批客户后,企业逐渐形成了自己的商业模式,开始建立团队,提升组织能力,夯实管理基础,实现了快速复制和规模化发展。企业在这一阶段面临的是标准化的挑战,流程管理必须成为文化。从无约束到严格依据流程行事,这是一个相当困难的突破,也是制约企业发展的关键瓶颈。

处于初步发展期的企业,面临最大的风险和问题来自以下四个方面。

- 持续竞争力不足。企业的产品力、服务力以及内部组织支撑不足,使业绩增长如昙花一现。
- 企业经营者以业绩为导向,没有形成长期主义的价值观。
- 企业经营者决策"一言堂",战略性风险较大。
- 企业文化和机制制约了企业的进一步发展。在企业经营者高度集权和专业管理职能发育不足的作用下,影响企业的研、产、销、人、财、物各要素的效能提升。

企业要想从机会发展期成功过渡到快速发展期,就要接受企业标准化、流程化的挑战,让企业实现从机会成长到组织成长、从个人能力到组织能力、从"人治"到"法治"的转型。

阶段三:快速成长期。随着企业实力日益增强,企业迈入快速成长期。此时,企业将面对众多的机会和选择。企业需要有明确的战略,聚焦核心竞争力,实现战略驱动和资源整合,建立完善的管理机制,进行规模性运作。这一阶段企业不再依靠外部的市场机遇和红利,而是通过企业的整体系统来实现快速增长。这个阶段的战略主要是复制成功和局部市场的优势,扩大市场区域;实现技术进步,从模仿向创新转型;打造高绩效、高能力和高能量的组织。

处于快速成长期的企业，面临最大的风险和问题来自以下四个方面。

- 企业过于关注短期目标，忽视长期性、基础性要素，缺乏支撑未来发展的战略性举措。比如，企业不重视技术积累，没有搭建科学、系统的管理平台。
- 企业内部易滋生官僚主义。
- 企业经营者的授权程度难以适应企业的发展，不利于发挥企业内部多层次主体的自主性和积极性。
- 组织形态及管理体系通常是职能型和集权型，不利于企业内部创业和新业务的发育。

企业要从快速发展期成功进阶到多元化发展期，需要以"体制变革"为主进行管理整合。具体整合路径有三条：第一条是确立明确的战略，聚焦核心竞争力，在优势领域取得足够的市场份额和领先地位；第二条是企业要建立规范化的组织和职能体系，调整组织结构和形态，进行规模性运作；第三条是明确集团和各职能部门之间的责、权、利，重新设计利益机制，充分激发组织活力，提升协同效率，逐步尝试多元化和国际化路线。

阶段四：多元化发展期。企业主营业务进入成熟期后，成长空间主要来源于行业整合过程中的部分参与者退出。此时，企业要利用主业积累的资源（包括技术、人力资源、信息、品牌、渠道和供应链等）进行多元化扩张。企业在进行多元化扩张时往往需要借助资本的力量，以收购兼并为主要手段，通过产业纵向一体化进行产业链整合，成为产业的组织者；同时，主营业务进一步国际化，表现为客户结构国际化和价值链布局国际化。

处于多元化发展期的企业，面临的主要风险和问题来自以下四个方面。

- 企业盲目进行多元化扩张，导致在不熟悉的领域中消耗大量资源。
- 企业的新业务一直未培育成功。
- 企业生了"大企业病"，部门协同困难。

- 企业缺乏包容的组织文化，导致企业难以适应多元化和国际化的
  挑战。

企业想从多元化发展期成功进化到重构成长期，需要进行以组织文化
为主的管理变革。企业可以通过组织形态演进、组织文化重塑、改变领导者、
改变领导方式、改变领导力标准等方式实现转型发展。

阶段五：重构成长期。 当企业迈过多元化成长期后，企业内部的各项
运营虽然已经成熟，但外部环境会导致产品的利润空间越来越小。此时，
企业经营者需要对企业进行重新思考——定义——设计——构造等，从而
形成重要的战略路径，指引企业不断前进。

总结一下，处在不同发展阶段的企业所面临的问题是不同的。随着企
业规模的扩大，管理和机制的作用会越来越大，企业是否能够顺利过渡到
下一阶段，变革是至关重要的推动力。进入"无人区""深水区"的企业，
其价值观的牵引力、支撑力、辐射力非常关键。

转型是企业永恒的主题，企业经营者要避免惰性和保守思维，应持续
创新，不断寻找新的机会点，确保企业可持续发展。

在"黑天鹅"与"灰犀牛"均存在的不确定性时代，创新思维、学习
能力和危机意识成为企业经营者所必需的能力。**而管理能力的革新是企业
捕获未来"组织红利"，持续提升价值创造能力的重要途径。** 除了战略和
技术的创新，对管理规则的持续优化和变革，以规则的确定性来应对业务
和环境的不确定性，也是企业变革的重要课题。

聚焦到财务领域，在新的时代背景和市场环境下，企业如何通过变革
提升财经能力，应该成为企业经营者和财务人员不断思考的问题。正如管
理学大师彼得·德鲁克所言："变革充满挑战，伴随着风险，需要付出巨大
的努力。我们无法控制变革，我们能做的，只是站在变革的前沿。"

第二章

价值为王：

财务转型的方向

第一节
企业要生存，财务转型迫在眉睫

变革和转型是企业永恒的主题。企业经营者要避免惰性和保守思维，持续创新变革，不断寻找新的机会点，如此才能确保企业可持续发展。

财务部门作为企业核心职能部门，记录着企业所有的交易行为和信息往来，是企业天然的数据中心。财务转型是企业转型的重要组成部分。企业要可持续发展，变革势在必行；企业要求得生存，财务转型迫在眉睫。

企业寻求财务转型，是企业在当今时代背景下的必然选择。

一、外部环境变化驱动企业财务转型

企业中财务职能的产生是社会经济发展的需要，企业财务的发展一直和外部市场环境的变化息息相关。纵观历史，财务的发展经历了以下四个阶段。

阶段一：萌芽期。经过中世纪文艺复兴时期和思想启蒙运动的洗礼，地中海沿岸城市的经济得到迅猛发展，其繁荣盛况在莎士比亚的著名戏剧《威尼斯商人》中有形象的描述。15世纪末16世纪初，簿记诞生于资本主义萌芽时期的西方国家。

阶段二：发展期。资本主义经济的发展，使地中海沿岸的金融、商业和手工业领域经历了巨变，单一簿记方式已经难以满足时代发展的需要。1494年，一部名为《算术、几何、比及比例概要》的著作出版，它犹如一道曙光，揭开了簿记历史的新篇章，被视为会计发展史上的第一个重大里程碑。这部由意大利数学家卢卡·帕乔利所著的作品，将簿记的历史推向了近代，甚至催生了现代会计的诞生。卢卡·帕乔利因此被誉为"现代会计之父"。

此后，荷兰数学家西蒙·斯蒂文的《传统数学》对簿记方法进行了创新和完善。可以说，19世纪以前的会计（簿记）的发展是建立在卢卡·帕乔利和西蒙·斯蒂文的研究基础上的。

第一次工业革命，不仅使生产力得到了飞速发展，也极大地提升了生产活动的社会化水平。随着人类社会逐步迈入工业经济时代，簿记作为一种重要的财务管理工具，开始进入发展的黄金阶段。在这个阶段，簿记立法受到了前所未有的重视，并迅速在国家经济和法制建设中占据了重要的地位。簿记在政府管理和企业运营中的作用日益凸显。详细的资产负债表研究不仅完善了簿记理论，也为法定性审计奠定了坚实的基础。在此期间，大陆式簿记和英式簿记体系逐渐形成，此时的簿记实质上已经发展为会计。

后来，随着股份有限公司的出现和英国《公司法》的修订，1853年诞生了世界上第一个会计师公会——爱丁堡会计师公会。爱丁堡会计师公会的诞生，维护了会计行业的共同利益和社会公共权益，提高了会计师的准入标准和社会声誉，被视为会计发展史上的第二个重大里程碑。

阶段三：成熟期。在19世纪末至20世纪初的转折点，科技、经济、政治和文化的进步对会计学的发展轨迹产生了深远的推动力。在这一时期，会计学的发展呈现出显著的特征：以一系列会计概念及逻辑关系为研究起点的会计基础理论已经建立，出现从管理视角研究会计问题的趋势，成本会计理论从单纯的成本计算发展为科学的成本控制系统，形成管理会计的雏形，有些企业建立了财务会计和管理会计分工协作的关系。

到了20世纪70年代，西方财务管理理论已经走向成熟。得益于自然科学和社会科学的丰富研究成果，财务管理进一步发展成为集财务预测、财务决策、财务计划、财务控制和财务分析于一身，以筹资管理、投资管理、营运资金管理和利润分配管理为主要内容的管理活动，并在企业管理中居于核心地位。1972 年，法玛和米勒出版了《财务管理》一书，这部集西方财务管理理论之大成的著作，标志着西方财务管理理论已经发展成熟。

阶段四：深化发展期。 20 世纪 70 年代末，企业财务管理进入了深化发展的新时期，朝着国际化、精确化、电算化、网络化方向发展。随着数学方法、应用统计、优化理论与电子计算机等先进方法和手段在财务管理中的应用，企业财务管理发生了巨大的变革，财务分析向精确方向飞速发展，并于 20 世纪 80 年代诞生了财务管理信息系统。

20 世纪 90 年代中期以来，计算机技术、电子通信技术和网络技术发展迅猛，网络财务管理随之诞生。信息技术的飞速发展使传统的商务模式发生了改变，电子商务成为主要的经贸活动方式。为了适应这种变化，企业的财务管理不得不研究并掌握电子货币系统、数字签章、电子凭证等先进技术，并深入分析电子商务对财务理论与实践的影响，从而制定相应的策略。

当今社会，世界正经历百年未有之大变局，国际形势的不稳定性和不确定性明显增加。经过四十多年的改革开放，我国的经济发展已从粗放式高速增长阶段迈入高质量发展阶段，改革进一步深化。随着数字化进程的加快，以及技术创新发展和经济转型升级，企业原有的战略设计、商业模式、产品服务和经营管理模式等都要随之转型升级。企业如何最大化地利用资源、信息和财务管控手段，使企业价值能够实现持续增长、组织能力能够不断优化、企业风险治理能够符合需求，从而使企业立于不败之地，财务管理能力至关重要。企业为了谋求长期生存和不断发展，必须寻求财务转型。

二、数字化驱动财务转型

在《未来简史：从智人到智神》一书中，作者尤瓦尔·赫拉利认为："数据主义（Dataism）"将是人类历史的下一个落脚点。2023 年 4 月 19 日，华为轮值董事长孟晚舟女士在华为第 20 届全球分析师大会上援引华为智能经济报告研究指出，数字经济对全球总体经济的贡献份额在不断攀升，预计到 2025 年，大约 55% 的经济增长将会来自数字经济的驱动。

数字化不是一个系统软件的上线，也不是一个数字化技术的应用，而是企业利用数字化技术，对准价值创造，对企业的商业和运营模式进行重构。数字化开创了一个时代，也带来自工业革命以来最大规模的经济变革。如今，数字化已经成为企业最重要的驱动力和竞争力。

很多企业开始重新思考用数字化技术重构经营管理模式。作为企业中的核心模块，财务管理更加需要运用数字技术革新传统财务流程，从而推动企业业务创新发展，实现利润增长。信息技术的进步正在推动企业全方位的财务转型，包括预算的制定、业务洞察、采购到付款、销售到收款、财务报告的编制以及控制和风险管理等各个方面。顶尖的企业财务管理正在迈向高度自动化，从而具备业务洞察能力，提高决策的速度和准确性。

在数字经济时代，以商业（财务）结果为导向已成为企业经营者需要建立的财务思维，而财务数据应成为企业经营者管理企业的最强大决策工具。财务部门是企业天然的数据中心，财务岗位作为一个与数据息息相关的职位，其核心工作依赖于前端业务提供的数据。数据孤岛、数据质量、数据共享等问题会直接影响财务工作的效率和产出的质量。因此，财务进行数字化转型对增强财务业务能力至关重要。企业如果没有完善的数字化系统，财务工作很难适应不断变化的业务需求和不断提高的管理目标。

企业进行财务数字化转型后，财务服务的提供方式将从以人力为主转变为人机协同，财务组织的职能将从以核算为主转变为以管理会计为主。同时，财务的服务能力将从以过去为主转向以未来为主，财务的管控将从事后应急转变为事前系统预测，财务职能的价值将从低价值的操作型转变为高价值的决策型。

在全面数字化转型的时代背景下，财务转型不仅是企业生存发展的需要，也是企业必须做出的选择，更是企业管理体系成熟发展的必然趋势。

企业进行财务转型将使财务管理更高效、更具前瞻性，从而使企业价值可以持续增长，使组织能力持续优化，使企业立于不败之地。

第二节
财务转型的双重困境

图难于其易，为大于其细。天下难事，必作于易；天下大事，必作于细。资源、信息和管控手段等都和财务管理相关，财务管理已经成为企业经营管理的核心。企业经营者要想建立适合企业发展的商业模式，要想做好精细化管理，就要重视财务管理体系的构建和转型。

现代化的财务管理能力实际是企业的资源配置能力，企业通过对资源进行优化和配置，实现效率和效益的最大化。资源本身具有趋利性和增值性。因此，追求利润 / 价值最大化会促使资源的配置朝着效率、效益最大化的方向发展，从而提升运营绩效。**这意味着资源会流向最有效率的产业、最有效率的客户、最有效率的区域、最有效率的项目、最有效率的组织和最有效率的员工。**资源的逐利性将促进资源的优化，而资源的优化又会产生新的资源和新的机会，如此不断循环，不断增值。

企业的财务转型从来不会一蹴而就，当前商业环境对于企业的财务管理提出了更高的要求。就目前而言，中国企业的财务管理在转型之路上遭遇着双重困境。

困境一："一把手"对财务转型理解不深入

第一重困境是企业的 CEO 和高管缺乏经营思维，对于如何运用财务管理工具和方法来分配资源、创造价值的理解不深入，对财务团队贴近业务的程度和价值贡献的满意度较低。

对企业而言，财务转型不仅仅是财务组织的转型，更是企业整体管理模式的转型。因此，财务转型是一场变革，是"一把手"工程。企业的"一把手"要作为第一责任人，充分认识到财务管理在企业的资源配置、价值创造、风险控制中的重要作用，清晰定义财务转型的战略目标，甚至亲自领导和推动财务变革的实施和落地。在企业财务转型的过程中，如果"一把手"的转型意识不到位，不支持、不理解变革，或者制定的转型战略和目标不清晰，团队很容易感到沮丧和迷茫，一旦遭遇挑战就会轻易放弃，最终导致转型失败。

更为重要的是，企业还需要将战略目标准确地传递给财务、业务和其他利益相关人员。同时，原有的传统财务核算型组织要向战略型和价值型财务组织转变，绩效考核方式也需要进行相应调整。企业通过分步实施，使财务转型得以螺旋式推进。

困境二：财务人员的能力有欠缺

第二重困境是财务团队在如何实现更高的职能定位和价值发挥上存在困惑。

对财务行业而言，目前正在遭遇"一头热、一头冷"的局面。"热"体现在中国会计从业人员超过 2000 万名，会计行业人才已趋饱和。"冷"体现在能解决问题的顶尖财务人员非常紧缺。这就使得大量基层甚至中层财务人员在数字化、智能化时代的浪潮下，将面临被淘汰的风险，而真正懂企业经营、价值创造、数字化转型的业财融合及价值型财务人才却"一将难求"。

在传统财务管理模式下，财务人员往往扮演记账员和会计的角色，将 70% 以上的时间花在交易处理和记账上，只留下 30% 的时间处理更有价值的业务支持和经营管理工作，如图 2-1 所示。

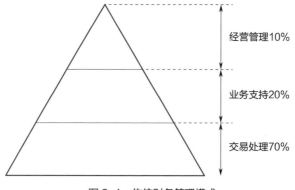

图 2-1　传统财务管理模式

　　在智慧财务管理模式下，大量的财务基础工作被机器所取代，财务人员只需要花 20% 的时间进行交易处理，将大部分时间聚焦在更有价值的业务洞察、决策支撑、经营管理等工作上，如图 2-2 所示。

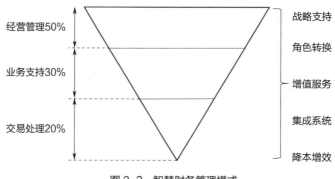

图 2-2　智慧财务管理模式

　　智慧财务管理模式对财务人员技能结构的要求正在转变，更多地向传统核心财务活动以外的领域拓展。财务人员需要扮演价值整合者的角色，推动业务的长期有效增长，持续保障财务稳定，在扩张与控制、效率与效益、短期与长期之间寻找平衡。面对越来越复杂的企业财务管理工作，财务人员除了需要具备扎实的财务专业知识，还应具备懂战略、懂产业、懂业务、懂经营、懂大数据分析等多方面的能力。

李嘉诚曾在一次采访中谈到对财务人员的要求时，提到了一个词：职业敏感度。李嘉诚认为，除了专业财务知识和经验，职业敏感度是决定一个财务人员是合格还是优秀的关键。这里的职业敏感度指的是对数据以及对数据背后的业务的敏感。

任正非认为**财务人员要融入业务，为业务运营绩效做贡献**。他曾表示：财务如果不懂业务，只能提供低价值的会计服务；没有项目经营管理经验的财务人员，就不可能成长为CFO。

为了解决企业遇到的财务转型困境，企业需要面向数字化战略重新设计财务组织和岗位，对财务人员进行技能培训，提升组织和财务人员的数字化能力。同时，企业还需要推动文化和组织变革，在包容和不断变化的环境中打造能应对企业转型浪潮的新型财经团队。

打铁还需自身硬。要想跟上时代的步伐，财务人员除了具备扎实的财务专业知识，还应不断提升自身技能，如深度数据可视化、数据建模和预测、商业分析等技能，使自己成为拥有数据敏感度、战略能力、决策能力、分析能力、预测能力、影响力和沟通力等综合型人才。

一般来说，为了更好地实现提升运营绩效这个目标，转型后的财务人员应分为三类：战略财务人员、业务财务人员和共享财务人员。战略财务人员在财务组织中处于主导地位，应发挥企业战略的财务决策支持作用。业务财务人员是经营创效的实施主体，应落实战略财务的部署，专注于支持和服务业务发展。共享财务人员通过提供专业化财务核算服务，推进财务核算业务标准化、规范化和智能化建设。

财务转型就像一座金字塔，每一块石头都必须精确地放在正确的位置，才能构筑起坚实的基础，支撑起高耸入云的顶峰。这是一项需要耐心、智慧、勇气和坚持的工程。"一把手"是金字塔的设计者，每一名财务人员是这座金字塔的建筑师，只有上下同心，共同努力，财务转型才能朝着提升业务运营绩效的目标前进。

第三节

财务要转型，首先从 CFO 转向 CVO

CFO 是企业治理结构发展到新阶段的必然产物。没有 CFO 的治理结构不是现代意义上的完善的治理结构。CFO 对企业的重要性经历了不断演变的过程。

20 世纪 80 年代初，CFO 一职首先出现在美国企业中，但对企业的作用不明显。大多数 CFO 被赋予的职责是交易事务的管理，专注在编制报表等方面，对组织的决策支撑相对所占比重不大。

20 世纪 90 年代，CFO 处于转型期，面临四大挑战：一是机构投资者实力雄厚，CFO 成为企业与股东间沟通的纽带；二是经济全球化导致企业生产经营、物流系统、现金管理、资本运作全球化；三是 IT 技术进步，提高了财务管理的效率，财务外包服务、集中服务提升了财经效率和降低成本；四是因发达国家经济增长速度放缓，新兴市场充满活力，CFO 需要推动企业的战略在新兴市场落地。

21 世纪是 CFO 充分发挥作用的时期。美国机构投资者最新调查显示，62.5% 的受访者认为 CFO 与 CEO、董事长同等重要。CFO 被赋予更多支持企业决策和绩效管理的职责。CFO 工作的重心从信息管理转向财经业务服务和决策支撑，在确定企业未来成长方向、绩效管理和风险管理方面的投入越来越多，在企业业务交易处理方面的时间越来越少。

2023 年，京东集团 CEO 徐雷退休，CFO 许冉升任 CEO，负责京东集团各业务的日常运营和协同发展，向京东集团董事会主席刘强东汇报。刘强东曾高度评价许冉，称其为京东业务发展和战略决策提供了深刻见解和大力支持。许冉任职京东集团 CEO 当晚，京东发布了实施低价策略和百亿补贴后的首个季报。京东 2023 年第一季度的商品销售收入为 1955.64 亿元，减少 4.33%；营业利润为 62.47 亿元，增长 159.32%。从这份季报看出，京东的商品销售收入减少了，但利润多了，盈利能力得到大幅提升。这份季报，正好说明了 CFO 担任 CEO 的一个重要意义，就是行业逐渐回归生意本质，盈利成为首要目标。CFO 出身的许冉升任 CEO，或许代表京东将在精细化运营和高质量发展上下功夫，向管理要效益，向资本要效益。

不仅是京东的许冉，华为轮值董事长孟晚舟女士、万科集团董事会主席郁亮、TikTok CEO 周受资、TCL 实业公司 CEO 杜鹃、新浪 CEO 曹国伟等都是由 CFO 成长为 CEO 的。

在这样一个充斥着各种不确定性的时代，在企业的整体转型中，CFO 被推到了应对竞争和转型的舞台中央。如何应对当前挑战，抓住新的发展机遇，成为 CFO 当前的工作重心。这对 CFO 的岗位职责和能力提出了更高的要求。CFO 应当成为企业价值的"整合者"，以最佳方式整合企业的价值，具有极为出色的财务效率和业务洞察力。同时，CFO 要更加频繁地列席会议、参与讨论，在整个企业中发挥更大的影响力。

CFO 要带领财经组织兼顾效益和业务洞察，实现二者平衡。在此过程中，CFO 要作为高度可信的业务顾问和分析师，提供可靠的数据源，理解客户需求、确定需求优先级并提供切实指导，发挥跨组织的协同作用，并积极参与到跨组织的有效沟通和团队协作中。

由此可以看出，如今的企业 CFO 已经跳脱出"账房先生"的岗位职能，向战略和运营两大职能方向扩展，在运营与财务之间的"桥梁"作用更加凸显。CFO 作为企业的财务"掌门人"，在财务转型过程中发挥着举足轻重的作用。财务要转型，CFO 首先要转型，由 CFO 转向价值整合者（Chief Value Officer，简称 CVO)。

一般来说，CFO 作为新时代的财务管理工作者，需要承担以下使命。

- 构建鼓励创新的环境与财经管理体系，从而支撑企业健康稳定地发展。
- 成为企业事业部 / 业务线值得信赖的合作伙伴（懂产品、熟悉业务运作模式），共同制定并执行董事会 / 股东有关长期价值的经营策略。
- 管理企业的不同产品、销售渠道以及服务业务的合理组合，并且通过对外投资（并购）和资产剥离不断增强企业产品组合的市场先进性。
- 实施并执行内控管理框架，从而有效管理和转移风险，保持财务报告里的最高控制标准。
- 与所有内部与外部的董事会 / 股东就企业业务结果进行有效沟通，主要关注收入增长、效率提升、风险可控以及资金资产管理等。

转变成 CVO 后，CFO 作为价值整合者的核心作用是整合企业的效率与洞察力，这意味着 CFO 不仅要扮演着"信息交换中心"的角色，还要对企业在新环境下的业务机遇和风险进行评估，并对企业的战略制定、业务执行、绩效评估等提供建议。

那么，CFO 转向 CVO 后，如何对企业的财务进行转型呢？

具体来说，CFO 要从价值设计、价值管理、价值创造、价值衡量和价值守护五个环节着手，整合调配企业各项资源，促进企业完成经营绩效和实现价值最大化，实现企业的财务转型。

环节一：价值设计，敏锐洞察前瞻规划。 CFO 应对准企业中长期和短期的价值创造目标，通过建立在业务和数据上的洞察力，对企业未来价值创造点保持敏锐感知并进行前瞻预测。同时，CFO 要结合企业业务实际进行设计和规划，形成指导价值创造的中长期和当期经营计划。

环节二：价值管理，运营管理商业闭环。 CFO 要将确定的中长期和当期经营计划，通过全预算工作解码为各个组织的经营目标，并将各组织的经营目标落地到管理者个人绩效承诺书中。在执行过程中，CFO 要通过资

源调配、滚动预测、经营分析、任务令跟踪等不断建立闭环，确保价值创
造的过程按照前期设计的计划和目标前进。

环节三：价值创造，业财协同共创价值。CFO 和财务组织通过提供专
业性的财经解决方案，如为销售项目的签署设计融资和付款方案，为研发
项目的决策提供研发投资收益分析数据，为制造部门提供降本增效方案，
为企业寻找良好的债权和股权融资渠道等，直接参与价值创造的过程。同
时，CFO 要利用财经天然的数据优势以及对业务的理解，为业务决策提供
支撑建议，业财协同共创价值。同时，CFO 和财务组织还应该运用资金运作、
资产管理、资产运营、成本管控、税务规划等财务工具和手段，主动为企
业创造价值。

环节四：价值衡量，真实反映经营成果。当价值创造的过程完成后，
CFO 需要针对价值创造过程的结果以及各个组织实际的贡献进行价值衡
量，形成预算到考核的闭环。CFO 一方面需要指出过程中存在的问题，确
保后续进行改善和提升；另一方面需要确保做出贡献的组织能得到客观评
价，获得相应的激励和回报。

环节五：价值守护，保障经营成果。在价值创造的全过程中，CFO 要
通过建设风险防控体系和风险管理的三道防线，精准预测、识别、预警和
处置经营过程中的财务风险，为企业的持续健康发展保驾护航，守护企业
的价值创造成果。

为了更好地完成以上五个环节的财务转型，CFO 要"走出去"，亲身
实践企业的各项业务，熟悉业务，理解企业战略，对企业的增长、风险、
绩效有充分的洞察力。

CFO 要具备这些能力，需要在以下三个方面持续精进，充分发挥价值
整合者的作用。

- CFO 要在业务前端识别并评估业务机会点，与业务部门合作执行增
  长战略，进行持续的流程及业务改进，促进企业绩效提升。

- CFO要参与到企业的各个业务活动中，包括销售、研发、生产、采购、供应、交付等环节，识别潜在的风险，针对新兴的机会点，制定风险应对战略，明确风险规避措施，帮助企业降低经营风险。
- CFO要提供真实的反映客观经营状况的分析报告，开展滚动预测，为业务决策和改进提供建议，为业绩衡量及管理提供支撑。

总而言之，企业要转型，财务先要转型；财务要转型，CFO先要转型。CFO要想带领企业的财务在转型的十字路口选对方向、走对路，就必须超越传统的CFO岗位角色，由CFO转向CVO，以价值整合者的角色定位，实现企业的财务转型，让企业的价值最大化。

第四节
财务转型方向之一：业财融合

面对复杂多变的外部环境和内部的挑战，企业必须具备敏捷和迅速的反应能力来应对环境的不确定性，并且需要快速调配资源作战并根据作战效果不断调整优化。传统的事后核算型财务管理方式已经无法适应外界变化。因此，财务管理需要向业务的前端移动，做好财务规划和资源配置，同时为业务决策提供财务分析和风险提示，从而降低风险和提高效益。在这种背景下，业财融合的理念应运而生，为企业的财务转型提供了新的方向。

我们经常听到"业财融合"这个词，但很少有人能够说清楚什么是业财融合。简单概括，业财融合是指业务发展与财务管理相结合，业务和财务融为一体，对准企业价值创造目标和效果来整体思考业务开展是否符合企业发展的目标，进而使业务和财务形成合力，共同促进企业价值的提升。

业财融合是企业实现高质量发展和精细化运作的必然之路，也是财务团队更好地发挥价值的必然转型方向。

业务和财务如何才能融为一体？这对企业的业务部门和财务部门同时提出了要求。

业务部门在开展业务的过程中，要有经营思维和风险意识，清晰地认识到业务开展需要为企业创造价值和利润，控制和规避财务风险，减少损失，最大限度地为企业创造价值。

财务部门要深入到业务活动中，特别是需要将财务管理前移至业务前端，通过数据预测和分析，为业务部门和决策层提供反馈，使企业的管理决策更加科学。同时，财务部门还需要通过把握业务流程的关键控制点和潜在风险点，实施有针对性的改进，降低企业的运营风险。

理想很丰满，现实很骨感，业财融合实际操作起来并非易事。很多企业在进行业财融合时，业务部门和财务部门都是一肚子苦水。

在一家企业中，我们采访了各个层级的员工，详细了解了他们对财务部门的需求。首先，来自管理层的声音是："财务部门能否预测出明年企业的增长率？为了实现这个增长率，我们需要投入多少资金？哪些部门需要提高产出比？"

接着，销售部门提出了他们的疑问："财务部门能否指导我们如何有效地使用营销费用？"

生产部门则询问："财务部门能否帮助我们分析哪个生产环节的成本过高？哪个生产环节有降低成本的空间？"

人力资源部门希望得到的答案是："财务部门能否告诉我们今年是否应该招聘更多员工，还是应该裁员？我们应该如何优化人效比？"

这些问题都反映出企业各个层级对财务部门的期待，他们希望财务部门能提供更多的指导和建议以帮助他们更好地完成工作。

在许多企业中，业务部门对财务组织的需求常常迫在眉睫，然而现实往往并不如人意。业务部门常抱怨财务部门不懂业务，写出来的财务分析报告看不懂。财务部门则认为业务部门不懂财务，不看财务报表，不根据财务数据做决策。

在基本的数据口径上，业务部门和财务部门也难以达成共识。业务部门认为财务人员给出的数据不准确，业绩被低估。而财务部门则认为业务人员数据录入不规范，无法准确地反映底层业务逻辑，真正的业务问题被忽视。

在企业里，大量的财务数据依赖手动统计和层层加工，财务人员往往扮演的是数据加工的角色，很多时候辛苦地处理数据，却往往得不出准确的结果。报表年年改，指标月月变，无法进行持续跟踪管理。预算的制定和执行往往是两回事。预算经常被视为财务部门的任务，而预算又会随着业务的进展而产生变化，资金花多花少没有回溯，预算和产出无关联……这就是许多企业在业务和财务融合方面的现状。

我在华为某区域工作时，发生了一件让我印象深刻的事情。当财务负责人向业务负责人提出，希望参与最重要的销售管理会议，提供决策支撑时，业务负责人不容置疑地说："你做好财务报销就可以了，业务的事情不用你操心。"

这位业务负责人对财务的态度传递出一种根深蒂固的观念：财务人员只是处理日常账务的"账房先生"，而不是业务合作伙伴。

造成这种刻板印象，也和财务人员忙于日常的账务处理，与业务部门学习交流较少，不懂业务逻辑，又不善于沟通有关系。因此，业务部门对财务部门的能力没有信心，财务部门对业务没有影响力，业财融合难上加难。

对业务和财务之间的关系，任正非认为，**财务应该为业务服务**，如果财务不了解业务，不能支撑业务发展，那么他们只能提供低水平的会计服务。基于此，任正非提出，积累最宝贵财务经验的办法就是让财务人员完整地参与一个业务项目，了解运作的全过程。为了更好地促进业务和财务的融合，华为进行了财务和业务干部的双向交流。

财务服务业务，知易行难。针对财务人员如何与业务人员沟通，如何做好工作配合，我的建议是做好"四化"，如图 2-3 所示。

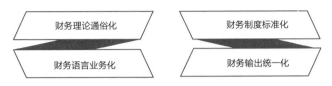

图 2-3　财务人员与业务人员沟通"四化"

"四化"有语言的艺术，有工作的技巧，非常通俗易懂，值得企业财务人员借鉴。

传统财务人员在向价值创造者转型时，需要与业务部门紧密结合，共同为客户创造并实现价值，为企业交付实质的"经营成果"。这意味着财务人员需要通过协调作战能力、专业化支持能力，成为一名值得信赖的合作伙伴和价值整合者。

为了实现转型，财务组织应利用各种工具和方法，自动化处理低附加值的交易性工作，从而释放出更多的资源以关注和支持业务。同时，财务组织也应积极学习和提高对业务的理解，主动贴近业务，利用各种财务工具和方法提供解决方案。此外，财务组织应利用财经积累的大量数据，为业务提供战略洞察和决策建议，从而有效地支撑业务。这是一种双向的学习和支持过程，旨在推动企业的整体发展和价值创新。

接下来，我以华为通过集成财经变革和财报内控项目实现业财融合的例子，为广大企业经营者和财务人员提供借鉴。

华为的财务变革始于 2007 年以前，通过财务"四统一"（流程、制度、编码、监控）变革以及财务组织全球共享工作，完成了财务团队建设，提升了专业财务水平，具备了实施业财融合的基础。

自 2007 年开始，华为开始推动集成财经变革，一共经历了三个阶段。

第一阶段：华为启动了交易层面和项目层面业财融合项目。在交易层面，华为通过打通业务和财务，将经营诉求有效融入销售和采购业务流程，在流程规则等方面实现业务和财务的有效融合，提供权威和可靠的财务信息。在项目层面，华为通过将项目四算和经营要求贯穿销售项目和交付项目运营全过程，确保签订高质量合同，按照契约交付，达成经营目标。

第二阶段：华为启动了责任中心层面的业财融合项目。通过建立与企业管理体系、组织结构和职责相匹配的各责任中心类型和财务指标体系，使各主要管理维度和预算单元的经营指标有效支撑企业整体经营目标。通过战略到执行的全流程管理，企业战略转化为中长期财务规划和当年经营计划，并通过战略解码将经营目标转化为各责任中心经营指标，以滚动预测和经营分析不断驱动经营业绩的达成。有了全预算的牵引，各个责任中心非常关注财务指标，也对财务部门的支撑有强烈的需求，业财融合顺理成章地在各个责任中心落地。

第三阶段：华为启动了配套的监控体系建设。华为在这个阶段建立了全面的企业内控和风险管理体系，围绕经营目标，结合 SP/BP，有效管控内外部风险，更好地进行授权和支持作战，确保业务持续、安全地进行。财务组织也围绕业财融合的目标进行了全方面转型，成立了财经共享中心、能力中心（Center Of Expertise，简称 COE）和财务 BP 组织，转型为业务身边的亲密合作伙伴。

2013 年年底，华为推行"财务报告内部控制"项目，将内部控制的价值明确为"不仅仅体现在合规和数字真实上，还要进一步体现在经营结果的改善上"。

在顾问的帮助下，华为开始搭建财务作业系统，通过流程梳理融合业务和财务，建立业务和财务之间的对话及融合机制并统一语言。经过此次调整，华为解决了"水源"清洁的问题，从而真正实现了将业务的语言与财务的结果关联起来的目标。

2014 年 7 月起，华为的 CFO、财经委员会、执行管理团队（EMT）等，先后签发一系列文件，从制度上对业务需要承担的财务报告责任进行了明确，即财务报告是对企业业务的全面反映，是企业所有人共同努力的成果而非财务单个部门的产品，这让业务与财务实现了真正的深度融合。

华为的成功，离不开财务转型的成功。**财务系统犹如企业的血管（资金流）和神经（信息流），决定着企业的生死存亡。**关于业财融合实践案例，本书后面的章节会详细展开介绍。

第五节
财务转型方向之二：财务数字化

数字化以价值主张为起点，以数字技术为支点，通过平台改变关键资源的结构和工作方式，架构性改变成本结构，突破旧技术体系下商业模式的限制，结构性降低运营成本和提升效率，同时做到产品好、体验优、成本低。数字化能实现商业循环，即数据变机会、机会变服务、服务变收入。孟晚舟女士在华为第20届全球分析师大会上这样说："数字技术，将驱动生产力从'量变到质变'，并逐步成为经济发展的核心引擎。"

华为对数字化转型的理解是，通过新一代数字技术的深入运用，构建一个全感知、全链接、全场景、全智能的数字世界，进而优化再造物理世界的业务，对传统管理模式、业务模式、商业模式进行创新和重塑，最终实现业务成功。

信息技术的飞速发展正在引领全方位的财务转型，涉及预算编制、预测分析、业务洞察，以及对从采购到付款、从销售到回款的全过程进行风险控制和管理。顶尖的财务系统将实现高度自动化，形成深刻的业务洞察，从而提高决策的速度和准确性。

企业的财务部门作为企业的数据中心，正逐步成为企业数字化转型的先行者和引领者，为推动企业全面转型升级注智赋能。提升财务数字化能力，提高财务运营的效率和效益，同时利用可视化技术和商业智能更好地支持决策，提高资源配置效益，是财务组织转型的重要方向。同时，财务组织作为企业数字化转型的关键组织，要能够应用财务敏感度和新技术帮助企业的其他方面提升绩效。

根据《会计改革与发展"十四五"规划纲要》《关于中央企业加快建设世界一流财务管理体系的指导意见》等文件要求，"十四五"期间财务数字化转型是企业财务转型的核心内容。文件明确指出了财务数字化转型的四大方向：一是完善智能前瞻的财务数智体系，建立智慧、敏捷、系统、深入、前瞻的数字化、智能化财务；二是统一底层架构、流程体系、数据规范，推动业财信息全面对接和整合，推进经营决策由经验主导向数据和模型驱动转变；三是建立健全数据产生、采集、清洗、整合、分析和应用的全生命周期治理体系，完善数据标准、规则、组织、技术、模型，加强数据源端治理，提升数据质量，维护数据资产，激活数据价值；四是依托财务共享实现财务数字化转型的有效路径，推进共享模式、流程和技术创新，从核算共享向多领域共享延伸，从财务集中处理中心向企业数据中心演进。

自 1998 年起，华为开始与 IBM 等全球知名咨询公司合作，陆续开展了一系列重大管理改革项目，包括信息化战略规划（ITSP）、集成产品开发（IPD）、集成供应链（ISC）、集成财经变革和从线索到回款（LTC）等。这些实质上都是华为数字化转型的重大步骤。

2005 年，华为开启了构建全球统一的会计政策、核算流程和会计科目表体系的进程，随后建立共享海外的核算组织以及七大共享中心。华为从每个月的财务报告"难产"，业务跑了一半还不知道上个月做得怎么样，再到后来 5 天发布财务报告，随时可以从电脑或手机端上查看经营报告，在财务数字化转型的路上，华为成为业界的典范。

2007 年，以集成财经为标志的管理变革，不仅拉开了华为数据治理体系建设的序幕，也支撑了华为从全球化规模增长向全球化有效增长的转型，大幅提升了华为整体的经营管理能力和效益水平。

2017 年，为了应对外部环境的不确定性、保证业务的连续性以及提升运营效率，华为围绕"洞察、控制、效率"的愿景，以财务作业全面智能化、财务数字产品自主可控、财务通用能力 SAAS 化为目标，开始了新的财务数字化变革项目。

任正非在总结管理变革和数字化转型的成果时表示，经过二十年的持续努力，华为取得了显著的成效，基本上建立起了一个集中统一的管理平台和较完整的流程体系，这支撑华为进入了全球行业领先行列。

财务的数字化转型是一个复杂的过程，需要从战略的制定、观念的改变和能力的提升等多方面着手。具体来说，企业的财务数字化转型可以从以下两大方向着手。

一、企业需投入六大资源

财务的数字化转型，企业需要投入以下六大资源。

（一）**战略和领导力**。企业需要系统评估转型基础，制定明确的发展战略，稳步推进。财务数字化转型是"一把手"工程，管理层的大力支持是转型得以成功的基础。企业应当系统地梳理财务数字化转型与企业数字化转型的关系，并在企业数字化转型的框架下制定明确的数字化转型战略。

（二）**变革理念**。企业要塑造转型观念与文化，营造积极的转型氛围，减少变革的阻力。变革必定会在一定程度上触及部分人员的利益。因此，只有从观念和文化上营造"转型利大于弊"的氛围，才能推动转型有序实现。

（三）**数字技术和平台**。财务数字化转型是基于数字技术驱动的，因此数字化平台的搭建是财务数字化转型的关键。在企业实务中，财务数字化平台的构建与转型升级一般需要通过"标准化、流程化和信息化、自动化和智能化"的三部曲予以实现。

（四）**组织层面**。企业需要打破传统的金字塔式结构，探索构建敏捷的财务组织。在数字化时代，组织层级间的信息传递要求快捷和准确，通过建立独立性较强的矩阵型团队，以高度协作的工作方式高效匹配业务需求，实现端到端的责任。

（五）**数字化人才**。培养和引进数字化人才，加快财务人才的能力转型。

（六）**资金**。企业要协调业务发展与资金投入，保障转型有序推进。

财务数字化变革是"一把手"工程，企业经营者和 CFO 需要提升数字化领导力水平。CFO 在推进数字化变革中扮演战略性领导角色，要将财务数字化作为财务优先事项来坚定地促进整体数字化变革。

财务组织应通过财务数字化工具，自动处理低附加值的交易性工作以释放更多资源，关注分析和增值业务，通过数字化技术、运用结构性和非结构性数据提供战略性业务洞察，支撑业务发展。

二、财经数字化人才要具备五大能力

财务数字化转型也将推动原有的传统核算型组织向战略型和价值型财务组织转变，财务职责范围、能力要求、绩效考核方式都需要调整，也需要一大批财经数字化人才。财经数字化人才需要具备新的技能和知识以适应数字化转型所带来的挑战和机遇。**财务人员进行数字化转型已经不是"选修课"，而是"必修课"。**

那么，财务人员需要具备哪些能力才算转型成功呢？新时代对财经数字化人才的能力要求主要包括以下五个方面。

（一）**信息技术和数据分析能力**。在数据量呈现爆炸式增长的今天，企业更加依赖海量数据来支撑商业决策，财经数字化人才需要具备较强的信息技术和数据分析能力，通过数字化可以使数据收集和分析更加高效快捷，进而更深入地洞察市场趋势，从而提升商业决策的准确性和效率。

（二）**跨界沟通和合作能力**。财经数字化涉及多个交叉领域，需要人才具备良好的跨界沟通和合作能力，能够与技术团队、业务团队和用户进行有效的沟通和协作。

（三）**创新精神**。财经数字化领域不断涌现着新的商业模式和创新应用，需要人才具备敏锐的市场洞察力和创新思维以及勇于尝试创新的胆识和决心。

（四）**全球化视野和跨文化能力**。财经数字化已经成为全球性产业，在这个瞬息万变的领域，期待的不仅仅是拥有专业技能的人才，更是那些具备全球化视野和跨文化理解能力的人才。他们能在多元文化的背景下灵活应对，无论是在工作还是在交流中，都能游刃有余，展现出独特的魅力。

（五）**信息安全意识**。在财经数字化领域，信息安全至关重要。财经人才需要具备信息安全知识，以便保护企业数据和机密，防止数据泄露和网络攻击。

在新时代的背景下，数字化财务人才的需求正在发生深刻的变化。这个时代不再只需要会计算、会分析图表的传统财经人才，而是需要掌握先进的数字化技能，能够适应并引领企业快速发展的价值整合者。

马足出群休恋栈，燕辞故垒更图新。为了更好地适应新时代的发展，财务人员应该勇挑重担，在新的财经领域中找到自己的位置，为企业创造更大的价值。

第三章

支持企业价值
创造的财经发
展及变革历程

第一节
财经工作的起点是战略和业务的需要

提到财经组织，就不得不提到战略。因为战略决定业务设计，业务设计需要对应的组织架构承接。一家企业的组织架构必须与其所实施的战略相符合，组织架构支撑企业战略的落地。例如，专注于国内市场的企业无需设立外贸部门，只承接代工生产的企业则不必成立研发部，零售型企业也无须设立生产部门。

企业的每个部门都应该基于企业战略落地而设立。如果企业的某一战略没有相应的部门来承载，就会导致组织架构残缺，影响战略实施。例如，某企业从事进口贸易业务，近年来，该企业成立了自己的研发部门，自主研发设计产品。然而，该企业没有设立负责产品营销策划和品牌管理的市场部门，仅依靠以前销售外贸产品的团队直接销售和推广产品。这导致新产品一直没有建立起品牌，销售团队销售也特别困难，最终新产品无法在市场立足，项目以失败收场。这就是一个典型的企业组织与企业战略严重不匹配的例子，严重阻碍了企业战略的实施。

因此，**企业战略与组织架构是否匹配，是决定企业商业成功与否的关键要素之一。**

企业战略确定之后通常会以目标的方式呈现，企业不同的战略目标需要不同的部门承载。例如，人才战略承载部门一般为企业的人力资源管理部，市场战略的承载部门通常为企业的市场营销部，资金战略的承载部门则为企业的财务管理部。

在企业发展过程中，战略调整是不可避免的，而随着战略的调整，企业的组织架构和职能也会相应地发生变化。例如，20世纪90年代，珠三角地区聚集了大量以代工业务为主的企业，它们主要参与价值链中的制造环节。在这些企业的组织中，除了行政和财务，生产制造部门的作用是至关重要的。企业逐步发展壮大，并且开始建立自己的品牌，开展自主研发、设计以及市场推广等工作。处于这一发展阶段的企业，需要增设研发、设计、市场等部门。

财经组织的发展与企业的发展息息相关。随着企业业务的扩展，财经工作的职责也需要进一步完善。通常来看，财经组织发展历程可分为以下四个阶段。

财经1.0阶段。企业在创立初期，规模较小，业务相对简单。这时，财务人员主要负责会计核算、费用报销、税务处理及会计报告等基础工作，以便支持企业的日常运营。同时，财务人员需要关注成本费用控制问题，并寻找融资来源以支持企业的扩张，确保企业生存。在这个阶段，**财务人员扮演的是会计的角色**。

财经2.0阶段。随着企业规模的扩大，业务的复杂度也随之提高。除了日常的会计记账工作，企业需要财务人员能够分析合同成本、预测亏损、计划开支、科学预算、评估新设备/资产的成本效益以及寻找各环节的成本费用节约点等。这时，企业的财务涉及预测、分析、预警、成本费用控制以及财务解决方案等多方面的工作。在这个阶段，**财务人员扮演的是财务专家的角色**。

财经3.0阶段。当企业迈入规模化运营阶段后，除了日常业务的财务管理、成本控制等，企业还需要财务组织监控企业和各个业务单元的经营绩效，并对重大投资和资金资源投入提供决策支撑。同时，作为管控企业最重要资金流的组织，财务组织还需要承担管控企业运作中的业务风险，确保企业运营稳健、资金资产安全，处理好扩张与平衡的关系。在这个阶段，**财务人员扮演的是合作伙伴的角色**。

财经 4.0 阶段。当企业规模进一步扩大，面临多元化、集团化、国际化的挑战时，企业管理变得更加复杂。此时，企业战略必须有明确的财经战略和资本战略做支撑，这就需要财经组织作为企业价值整合者，承担起财经战略和规划的制定闭环工作。同时，财经组织要通过全预算管理对企业各项资源进行组合配置，包括产品组合、渠道组合、客户组合、资源组合等，推动战略落地，平衡好长期和短期、战略和非战略、高增长和低增长、高利润率和低利润率、高风险和低风险等关系，持续优化及改进，促进企业可持续盈利。财经组织还需要在企业层面做好相应的资本战略，并通过审计与监督等职能，确保企业的经营健康稳健。在这个阶段，**财务人员扮演的是战略财经的角色**。

通过梳理企业发展的不同阶段财务所发挥的不同作用，我们可以清晰地看到，**财经组织作为企业战略和变革的驱动者，在推动企业有效增长的过程中发挥重要作用**。财经的起点是战略和业务的需求，财经组织的职能和能力要适配当前企业发展水平，充分满足企业发展需求。企业经营者和CFO 要提升财经组织的能力，不能让其成为企业经营的短板。同时，企业的财务人员要主动对标行业标杆，提升自身财经专业能力，驱动企业价值创造，成为企业战略和变革的推动者和引领者。

第二节
"四统一"变革，准确计量价值创造成果

20 多年前，任正非批评华为的财务"非常落后"，落后得"连账都算不清楚"。面对外部市场环境和内部管理的挑战，华为财务进行了数次改革，以期适配业务，满足企业快速发展过程中的财经需求。

纵观华为的整个财经发展史，是一部变革优化史，与业务变革相辅相成。

从 1993 年引入会计系统到财务"四统一",再从集成财经变革到现在的财经数字化,华为财经经历了从"非常落后"到"比较落后",再到"有点先进",直至迈入"世界一流"的发展历程,见表 3–1。

表 3–1　华为的财经变革

启动时间	变革事项
1996 年	《华为基本法》:价值目标、经营政策、控制政策等
1999 年	旧"四统一":统一财务制度、统一会计科目、统一财务核算制度、统一监控
2003 年	新"四统一":统一制度、统一流程、统一监控、统一编码
2007 年	集成财经变革:业财融合
2017 年	财务数字化变革

下面,我将着重分享华为财经变革中的三个重要历程:财务"四统一"变革、集成财经变革和数字化变革。

华为驶入发展的快车道后,业务部门的运营效率逐渐提高,而财经部门的管理似乎停滞不前,与业务发展极不匹配,影响了企业整体效率的进一步提升。随着海外业务的拓展,华为在全球 170 多个国家或地区设立了办事处,而不同的子公司在账务处理系统的应用上并不统一。不同的信息系统就如同 20 世纪初美国的铁路一样,铁轨的宽度不一样,不同标准的火车如何能够在这些轨道上畅行无阻?

因此,及时、准确地提供财务报表服务,成为会计人员期末结账时面临的巨大挑战。财务人员甚至认为,同一个代码在不同国家或地区的代表处所代表的业务不一样。基于此,财务人员在结账正式开展之前需要建立索引,将不同系统中的数据导入 Excel 表格中进行标准化处理,并将代码、业务等进行匹配,从而对集团报表进行合并。

在业务人员普遍缺乏财务意识的背景下,"数字真实"的基本财报目标很难实现,期末结账程序经常出现账实不符、账账不符的情况。例如,销售经理与客户签订了一份合同,标的为 1 亿元的通信设备,库房的发货记录显示存货发出了 1 亿元的产品，但财务账面上只记录了 100 万元的应收账款，财务人员需要找出 1 亿元发出存货与 100 万元应收账款之间出现差额的原因：是合同发生了变更，业务人员没有及时修正，还是财务记账不及时？或是账目出现了偏差？如果财务人员面对的是数百家子公司、数千亿元交易标的额，逐个环节进行溯源沟通、手工调整，工作量大且附加值低。

为了解决这些问题，1999 年，华为聘请世界顶级的会计专业服务机构毕马威作为咨询顾问进行了"四统一"变革。什么是"四统一"变革？华为迭代了两个版本，如图 3-1 所示。

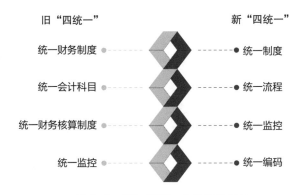

图 3-1 华为"四统一"的新旧内容

在此，我重点分享一下新的"四统一"变革核心内容。

首先是"统一制度"，其中最重要的是统一差旅费报销政策。在此之前，华为各个代表处都有独立的报销政策，如费用报销项目、出差标准等。统一制度后，华为建立起适合全球员工的差旅费报销政策和住宿政策。表 3-2 为华为"四统一"后的付款申请单。

其次是"统一流程"。以采购流程为例，变革后要求"四重匹配"，即与供应商签订的合同、下的订单、入库单及供应商提供的发票要相互匹配，并且发票不经过采购部，由供应商直接寄给财务部。

表3-2 华为"四统一"后的付款申请单

付款申请

(PAYMENT REQUEST FORM)

受益成本中心 (Beneficial Cost Center)	公司 (Company)	区域 (Region)	部门 (Department)
名称 (Name)			
编码 (Code)			

产品名称 (Product Name)	产品编码 (Product Code)	项目名称 (Project Name)	销售项目/PA项目编码 (Sales Project/PA Project Code)	大客户名称 (Big Customer Name)	大客户编码 (Big Customer Code)	分配% (Allocation%)

申请人
(APPLICANT)

名称 (Name) 员工编号 (Staff No.)

电话 (Tel):

我保证上述费用准确、合理且符合业务。

(I guarantee that the above expense are accurate, reasonable,payment accord with business.)

签名 (Signature): 日期 (Date):

由主管审核
(REVIEWED BY SUPERVISOR)

我保证上述费用准确、合理且符合业务。

(I guarantee that the above expense are accurate, reasonable,payment accord with business.)

签名 (Signature): 员工编号 (Staff No.): 日期 (Date):

我保证上述条款是准确且合理的。

(I guarantee that the above espensce are accurate, reasonable.)

签名 (Signature): 日期 (Date):

经授权签字人批准
(APPROVED BY AUTHORIZED SIGNATORY)

我保证上述条款准确、合理且符合业务。

(I guarantee that the above terms are accurate, reasonable, and in line with the business.)

签名 (Signature): 员工编号 (Staff No): 日期 (Date):

再次是"统一监控"。华为将代表处财务管理的职责收归总部，建立
起"财务共享中心"。华为早期的组织结构过于分散，区域代表有较多的
自主权，虽然便于早期迅速扩张，但不利于总部对区域经营活动和财务风
险的监控。统一监控后，华为加强了资源的集中配置功能，能够防止腐败
行为的发生。

最后是"统一编码"。之前华为的会计科目只是使用国家规定的会计
科目，变革之后依据华为特有的业务特点和管理对科目进行细分。例如，
研发费用在国家规定的会计科目里只列为一项，而华为分为人工工资、物
料、差旅费等，便于分项核算，并根据统一后的会计科目命名了统一的会
计编码。

"四统一"变革提升了华为基础财务能力，奠定了共享服务的基础，
优化了财务管理能力，也为华为后续实行集成财经变革和业财融合打下了
良好的基础。

第三节
集成财经变革，实现业务与财务的融合

2006 年，华为海外市场营业收入占总收入的 65%。随着海外订单越来
越多，运营风险也越来越大，主要表现在两个方面。

一方面，海外订单中有很多"交钥匙工程"（对工程进行"设计、采购、
施工"的总承包，最后直接移交运行，类似于通常所说的工程总承包），
这些订单不仅限于设备销售，还包括大量的工程工作，例如建信号塔等，
而且这些工程项目的金额甚至高于设备销售金额。由于各个区域环境情况
不同，华为很难估算这些工程项目的成本，也无法判断每个海外订单是否
盈利。

另一方面，如果华为只做设备销售，客户验收后就可以确认收入。但是，工程项目比较复杂，财务人员很难找到恰当的收入确认点，收入确认成了难题。

上述两个方面的风险不仅造成华为财务部门和业务部门之间的巨大冲突，也使华为在 2003—2006 年的利润率出现下滑，增加了现金流风险。

2007—2013 年，为了应对财务风险，华为启动集成财经变革。集成财经变革由集团 CFO 孟晚舟作为项目经理主导，解决财务如何与业务融合，以及财务流程如何与业务流程对接的问题。具体来说，集成财经变革要打通交付业务、研发业务、销售业务与财务之间的流程，以此来保证交易数据的准确性。

2007 年开始的集成财经变革是一场声势极其浩大的变革项目群，陆续启动三个层面的变革，涉及专业财经（资金变革、税务变革、存货变革等）和经营管理等大大小小约 20 个变革项目。

- 第一个层面：2007 年启动，在交易层面打通财务与业务环节，使数据源透明可视，融合控制于业务当中。
- 第二个层面：2009—2010 年启动，在项目层面实行四算机制，支撑项目层面的经营管理。
- 第三个层面：面向企业及责任中心的经营管理，包括 2009 年启动的报告与分析项目、2011 年启动的全预算变革项目。

华为通过集成财经变革，将财务流程和业务流程紧密结合在一起，既保证了业务过程的准确，也有利于财务控制，使企业业财真正实现了融合。

集成财经变革提升了华为的整体财务管理能力和财务绩效，同时也帮助华为解决了国际化进程中的财务问题。集成财经变革是华为截至目前最重要的一次财经变革，华为目前的财经管理框架也是在此基础上优化迭代的，本书后续章节都将围绕集成财经变革的详细内容展开。

第四节
财经数字化变革，实现经营数字化

华为通过集成财经变革，使财经组织实现了从"非常落后"到"比较落后"再到"有点先进"，有效地支撑了企业业务的高速发展。[⊖]

2014 年，华为 CFO 孟晚舟女士领导华为进行了数据变革，建立了完善的数据管理体系，实现了"数出一孔"，使数据成为华为的战略资产。同一时期，为了进一步巩固集成财经变革成果，华为针对夯实责任中心全面预算管理机制、夯实财报内控质量、建立海外三大风险控制中心等目标成立变革项目组专项攻关。这些变革内容都纳入了统一的财经数字化变革项目中，是华为数字化变革项目的一部分。

一、财经数字化变革的目的

随着企业业务的发展，华为又出现了一些新的财经问题亟待解决，总结归纳起来，主要有三大问题，这也是华为进行财经数字化变革的目的和前情提要。

1. BANI 时代，华为如何快速响应和支撑业务

华为通过集成财经变革建立了系列财经流程（如项目四算、财报内控等），有效防范了经营风险，但在实际运作过程中也暴露出了流程过重、响应过慢的问题。同时，手机零售业务、云服务、汽车业务、"军团组织"

⊖ 本节部分内容引自《围绕数字化转型的集成财经升级迭代》，作者 Jeffrey。

等各种新的业务和组织形态不断出现。在 BANI 时代，如何在保证企业风险可控的前提下快速支持业务，是华为财经数字化变革的第一个问题。

2. 数字化时代，华为如何实现财经作业平台的 ROADS体验

2016 年，华为变革战略规划明确要构筑面向用户的 ROADS 体验。当时，集成财经变革虽然建立了系列作业平台，但在实际运作中还存在报告需求响应速度慢、个性化报告能力不足等缺点。如何在数字化转型过程中构建财经下一代作业平台，更好地赋能一线作战，是华为财经数字化变革的第二个问题。

3. 面对外部环境的挑战，华为如何保证财经业务的连续性

华为面临复杂的外部环境，原本由 Oracle 公司提供的 ERP 不再提供升级及维护服务。华为如何在这种背景下最大限度地保证企业的财经业务正常运营，是华为财经数字化变革的第三个问题。

二、财经数字化变革的三大内容

为了解决以上三大挑战，2017 年以后，华为意识到企业财经能力提升的变革项目要具备"数据赋能、风险防范"的特点。于是，华为开启了财经数字化变革。华为的财经数字化变革主要围绕以下三大业务能力进行。

1. 构建财经业务数字化能力，快速应对业务变化

为了快速应对业务变化，华为基于数字化要求（业务对象数字化、业务过程数字化、管理规则数字化），对财经各项作业活动进行数字化提炼，形成结构化、场景化的数据要素，并按场景进行应用组装。

例如，华为对所有的历史管理报告需求进行梳理和抽象后，形成不同类型责任中心的报告解决方案包，当新出现一类业务时，就可以从方案库中挑出合适的业务能力组件快速上线，报告上线周期从一个月缩短为不足一周。

⊖　ROADS 指实时（Real-time）、按需（On-demand）、全在线（All-online）、自助（DIY）和社交（Social）。

华为启动项目四算自动化后，可根据输入的业务假设、业务场景和授权自动出具概算结论等，使概算不再需要业务财务控制人（Business Financial Controller，简称BFC）费时费力地进行人工支持。

在流程内控和财报内控方面，以前的遵从性测试（Compliance Test，简称CT）、自我评估控制活动（Self-Assessment Control Activities，简称SACA）需要调用大量人力进行审查。在数字化条件下，华为在业务流程的关键控制点（Key Control Point，简称KCP）设置智能探针，若业务合规可无感通过，若有问题则会自动跳出进行预警，达到实时管控风险的目的。

2. 优化用户体验，支持一线作战

为了优化用户体验，华为在集成财经变革中建立了统一的财经数据平台iSee，解决了"数出一孔"的问题。但iSee这一财经数据平台在客户化体验、个性化定制方面能力不足，各级汇报不能实现"开箱即用"的要求，还需要对数据进行二次加工整理。因此在数字化基础上，华为的财经部门联合业务部门对各类报告需求进行场景化梳理，并引入了新的数据分析工具，以实现报告能力共享、个性报告快速定制。

3. 构建MetaERP系统，解决卡脖子问题

ERP是企业经营管理软件中最关键、最重要的应用系统。为了解决卡脖子问题，2020年，华为自主研发ERP项目立项。到2022年年底，MetaERP已经覆盖了华为100%的业务场景和80%的业务量，经历了月结、季结和年结的考验，实现了零故障、零延时、零调账。

目前华为财经组织的数字化变革已取得了三大成效：一是完成风险探针、风控模型的建设，实现了无接触式风控；二是建立了敏捷经营管理体系，基于数据和AI算法，实现经营管理及决策智能化；三是建立了作战指挥一体化平台，基于数据透明和实时交互，实现关键财经作业场景的协同作战、立体指挥。

在当下的企业经营中，数字化已成为驱动企业增长的核心原动力之一。许多企业如今也已启动数字化经营，然而相比火热的数字化趋势，数字化

经营成果显著的企业依然是少数，华为则是标杆。企业财务是信息循环的组成部分，企业财务的数字化支撑着企业经营数字化，企业经营数字化又是企业数字化的重要组成部分。

财经数字化是未来、是方向。但企业财经数字化变革之路，注定不是一帆风顺的，更不可能一蹴而就，总会遇到各种各样的困难和问题。这需要企业持续努力和不断探索，将财经数字化变革路上的"拦路虎"一个个清除，如此才能重塑企业的商业模式，站在业界前沿。

第五节
财经组织变革使财务人员成为价值整合者

华为通过集成财经变革，打开了财经通向业务的大门，使财经组织成为业财融合型组织，使财务人员从"账房先生"走向价值整合者。通过财经数字化变革，华为的财经组织建立了一个全球性的服务、管理与监控体系，具备了卓越的财经洞察力和工作效率，能够快速高效地支撑企业的全球化、多元化运营，并防范风险的发生。

对财经组织的期望，华为表示，**财经组织下一步的目标，不是追求世界第一或世界第二的高水平财务，而是要形成对业务作战最实用的财务能力**。

华为财经目前已覆盖 14 个地区部财经组织，有 6 个财务共享中心和若干 COE，为 170 多个国家的 110 多个代表处提供财经服务。华为财经组织结构如图 3-2 所示。

在华为，财经管理分为两条线：经线管理和纬线管理。

"经线管理"是指纵深的专业能力，是除了技术方向外的全部"经"济活动，其涉及的流程和业务包括经营管理、销售融资、资金、税务、核

算与报告、定价、内控等。华为设立的"经线管理"组织有经营管理部、
销售融资管理部、资金管理部、税务管理部、财务管理部、定价中心、内
控与企业风险管理部等。

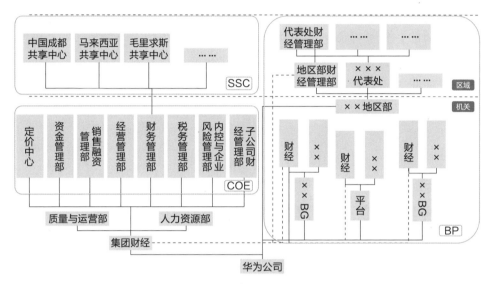

图 3-2　华为财经组织结构

基于任正非的著名论断"核算是战争指挥权",华为的账务与资金、
审计实行中央集权管理制度,就是所谓的财务共享中心。财务共享中心实
现了全球垂直管理,有标准化制度、流程、系统,能提供及时、准确、高效、
专业的账务核算,也能真实、完整地反映财务状况和经营成果,最终支撑
决策。

"纬线管理"就是财经的 CFO 或 BP 组织,即派驻到不同的产品线 /
区域 / 客户线 / 平台的 CFO 或 BP 组织,主要职能是理解业务需求,快速
整合并实施综合财经解决方案。"纬线管理"要求财经组织融入项目、融
入业务、纵横打通,面向客户、面向业务,支撑作战,最终实现端到端的
财经作业闭环。

"纬线管理"的主要职责有三大内容:一是以企业作战需求为中心,
提供集成解决方案;二是融控制于业务之中,守住风险底线,发现风险要"举

手"；三是在面向客户需求时，要构筑从机会到变现的端到端全流程解决方案能力，助力企业商业成功。

集成财经变革是财务人员从"账房先生"向企业价值整合者转型中最重要的里程碑。2006 年之前，华为所有地区部、产品线的财务主管统称为财务经理或财务总监。自 2007 年起，随着集成财经变革的推行，华为逐步建立 CFO 体系，之后相继出现两位 CFO——梁华和孟晚舟。

2016 年，为匹配企业的战略前瞻和长期发展规划，华为内部针对"面向未来 2000 亿美元的财经集成架构"进行了一次大研讨，讨论如何构建面向未来 5~10 年的财经集成组织架构。

这次会议为华为财经组织未来的发展描绘了一幅宏大的蓝图。目前，华为财经已成为世界领先的数字化和智能化的财经组织，为华为打造了坚实可靠的经营底座，助力华为实现价值创造。随着业务的发展，华为财经组织的升级迭代仍然在不断进行中。

关于业财融合型财经组织建设将在本书后面的章节详细介绍。

第四章

集成财经变革:

支撑全流程价值
创造的财经变革
实践

第一节
变革目的：以确定性的规则确保企业创造价值

一家企业的成长是一个不断创新、不断突破自己的过程。和大多数企业一样，华为在成长的过程中也不是一帆风顺的，曾有过一段粗放式增长的经历。在这段时期，华为的业务突飞猛进，利润率却在下滑。任正非曾表示："企业生产最主要的目的是服务客户获取利润，不是别的。"**没有利润的增长是无效增长。**

为了改变这一现状，2007 年，华为开启了一场声势浩大的集成财经变革。华为的集成财经变革不仅构建了数据系统，而且在资源配置、运营效率、流程优化和内控建设等方面建立了规则，开启了华为精细化管理之路，也成为华为持续成长的基因之一。

对于华为进行集成财经变革的原因，任正非表示："要以规则的确定性来应对结果的不确定性。"华为如何以规则的确定性应对结果的不确定性？让我们一起来回顾一下华为进行集成财经变革的历程，透过历程看企业变革的原因。

一、海外业务亏损倒逼华为进行集成财经变革

2006 年，华为海外业务营收占到总收入的 65%。此时，华为的海外订单并非单纯的设备销售，还包含大量的工程项目，如建设信号塔、挖沟渠等。这一系列的"交钥匙工程"除了设备销售成本容易进行核算，其他成本因

所处地理环境的不同、人力成本的不同而难以核算。

尽管从 2000 年开始，华为已经开始进行成本核算，但是尚未开展前瞻性的预算管理和财务分析工作，因而在成本核算方面遇到了一系列问题，主要体现在四个方面：一是财务部门虽然能够在后期计算出产品的利润，却没有参与前期的定价和成本核算工作；二是海外订单的内容、条款非常复杂，难以在售前估算工程项目成本和盈利水平；三是海外工程项目验收复杂，收入难以在合理时间内进行确认，因此带来了财务风险；四是有的项目开不出发票，验收不了，款项回不来，影响了企业的现金流和利润。

华为遇到的这些财务上的挑战，相信很多中国企业也遇到过，但往往束手无策。中国绝大部分企业难以解决的这些财务问题，却是跨国企业所擅长的。如 IBM、思科、爱立信等国际大企业，对未来财务指标的预期非常准确。究其原因，是因为这些国际大企业的财务组织参与了整个业务流程。比如，针对每个项目、每个产品的定价和成本核算等工作，这些国际大企业拥有一套完整的制度和运作流程，从而确保能够清楚地计算出每个项目、每个产品的成本和利润。

站在巨人的肩膀上才能看得更远。华为从 2007 年起，花了 7 年的时间，通过 IBM 顾问的指导，实施了集成财经变革，希望通过规则的确定性来应对结果的不确定性，从而使华为的财经管理体系实现"脱胎换骨"。

希腊哲学家赫拉克利特曾说过一句非常著名的话："世界上唯一不变的就是变化本身。"华为实施集成财经变革正是积极顺应变化的产物。当时，无论是内部环境还是外部环境，都迫切需要华为做出改革，从而跨越"成长中的阵痛"，实现可持续发展。

二、企业扩张与财务管理落后倒逼企业进行集成财经变革

2009 年年初，任正非在题为《让一线直接呼唤炮火》的内部讲话中，用惯用的语言对华为正在进行的组织结构调整的原因进行了明确表述："我

们现在的情况是，前方的作战部队，只有不到 1/3 的时间是用在找目标、找机会以及将机会转化为结果上，而大量的时间是用在频繁地与后方平台往返沟通协调上。而且后方应解决的问题让前方来协调，拖了作战部队的后腿……"

华为不断扩大的规模和全球化的业务致使客户差异不断加大，管理难度越来越大。在集成财经变革前，华为财务的"落后"体现在很多方面。

- 财务只是记账，没有深度参与业务，财务数据质量频受挑战。
- 派到业务单元的财务人员主要管费用，无法深入其他业务。
- 企业的财务 IT 系统与业务 IT 系统集成程度不够，数据逻辑也不清晰。
- 费用报销流程平均需要 15 天以上。
- 报告出具时间严重滞后，财务人员加班加点严重，无法支撑业务需求。
- 财务人员的精力主要在数据上，分配在业务分析和预测上的精力很少。
- 财务人员无法有效地融入业务流程，无法有效驱动业务绩效管理。

以上种种财务问题成了华为发展壮大的障碍。

华为为什么会出现拿到了业务订单却不清楚是否赚钱的情况？这是因为传统会计只是笼统而简单地核对账单，不够重视现金流，致使利润遭到扭曲。企业管理层未能及时得知经营数据，无法实时掌握经营情况，难以做出最优决策。财务能力的落后严重影响且阻碍了华为"以客户为中心"战略的实施，不利于企业的未来发展。华为如果不加强财务风险控制，随着规模的增加，风险也会加倍扩大。

随着规模的快速扩张，华为从成立以来一直实行的高度中央集权的管理模式，带来的机构臃肿、效率低下的问题日渐突出。

华为开始实施以客户需求为驱动的流程化建设，逐步沿着主业务流程进行授权、行权与监管，把经营决策权力下放到一线作战单位和利润中心。这也对华为的财务组织提出了越来越高的要求。

随着华为全球业务的持续发展和市场竞争的加剧，企业需要加强精细化管理，使各经营责任中心真正承担起经营管理责任。其中，利润中心要负责销售收入增长、贡献利润和现金流，同时也要负责市场占有率、客户满意度和组织效率。利润中心主管要在华为政策指引、业务规则和授权范围内实施有效的经营管理，对经营结果负责。

同时，在集成财经变革开始前，华为研发、供应等业务领域的变革基本完成，销售、战略等领域的变革正在进行。这些业务领域如果想要面向商业结果形成闭环，就必须在财经领域进行变革。

华为发展的脚步从未停下。2008 年，华为明确了开始全面进攻发达国家市场的目标。华为要实现规模化发展，需要具备持续发展和经营的能力。规模化和全球化业务发展对华为的财经体系提出了越来越高的要求。

华为的管理面临从规模化经营到效益化经营的转变，从中央集权管控到"班长的战争"转变；业务从被动管理向自主均衡管理转型，并且追求从不确定性到对规则的确定性的改变，业务范围从本土化经营到国际化经营拓展，业务深度从单一化向多元化延展。

三、客户需求倒逼企业进行集成财经变革

除了内部发展的需求，在日趋激烈、复杂的竞争和运营环境下，客户也希望华为能提供更多的专业财经解决方案和流程协同解决方案。越来越多的客户已经或希望与华为结为战略合作伙伴关系，希望看到华为透明的财务信息和稳健的财务表现，对华为财经体系的能力提出了更高的要求。

集成财经变革前，华为财经团队的能力与业界差距巨大。与 IBM 的财务管理能力相比，华为的财务人员缺乏对业务问题的深入洞察和分析，无法有效驱动业务绩效管理，而且财务原则无法有效融入业务流程，没有清晰定义财经组织向各个业务单元提供服务的职责范围。

任正非在 2015 年华为市场工作会议上曾讲道："我们应该有严格有序的规则、制度，同时这规则、制度是进取的。规则、制度的重要特性就是

确定性，这是我们对市场规律和公司运作规律的认识。规律的变化是缓慢的，所以，我们是以确定性来应对任何不确定性。"

集成财经变革是华为自我革命、自我否定和自我提升的过程。华为之所以发展到今天，集成财经变革起到了功不可没的作用。透过华为进行集成财经变革的原因，我们可以看到企业经营不能靠理想主义来确定未来的结果是什么，但是可以确定过程的规则。有了过程的规则，企业未来的发展就不会混乱，这就是以规则的确定性来应对结果的不确定性。

第二节
变革目标与规则：确保企业实现可持续增长

为了启动集成财经变革，任正非亲自给 IBM 时任 CEO 彭明盛写了一封信，要求 IBM 帮助华为完善财务管理。此后，IBM 派全球最精锐的财务咨询顾问团队进驻华为，启动了集成财经变革项目。

一、集成财经变革目标

集成财经变革项目于 2007 年启动。任正非在 2009 年财经系统表彰大会上讲道："我们要坚定地支持公司的集成财经变革，通过 3~5 年的努力，实现'加速现金流入，准确确认收入，项目损益可见，经营风险可控'的变革蓝图……真正实现'计划、预算、核算'的全流程管理。"

"加速现金流入，准确确认收入，项目损益可见，经营风险可控"正是集成财经变革的目标。

集成财经变革是一场声势极其浩大的变革项目群，涉及专业财经（资金变革、税务变革、存货变革等）和经营管理（机会点到回款、采购到付款、项目经营、计划预算预测等）约 20 个变革项目。集成财经变革的愿景是面向客户、面向业务，建设全球化财经管理体系，助力企业可持续、可盈利增长，成为有长久生命力的企业。

2009 年，任正非与集成财经变革项目组座谈时提出"华为引入集成财经变革的动因是要以规则的确定性来应对结果的不确定性"，促进企业可持续、可盈利增长。

理想汽车创始人李想在接受《中国企业家》专访时曾讲道："规模小的时候，我们自己内部讲速度就是效率。规模大到一定程度的时候，质量就是效率，因为任何一个低质量的决策、低质量的产品、低质量的制造管理能力，都可能让你损失几十亿元、上百亿元，甚至可以让你的公司直接倒闭。"

他为什么这么讲呢？因为当企业飞速发展之后，规则就好比高速公路上的路标和指示，能够让业务有序顺畅地开展，不会发生堵塞和事故。企业制定出好的规则，不仅不会妨碍业务的进展，反而能够在效率和效益、扩张和控制方面做到最好的平衡，确保企业整体的价值最大化。

企业要想平衡效率和效益，就要建设计划预算核算体系，在最小经营单元——项目层面进行四算，建设各级利润中心，加强对成本中心和费用中心效率和效益的考核，通过业务过程的精细化管理，做到及时、准确、优质、低成本的交付，确保正的利润、正的现金流、正的人均效益增长。

针对平衡扩张和控制，企业一方面要以业务为主导，充分洞察机会，在有机会的基础上加大投入，确保抓住增长机会，并确保机会大于成本、人力资本增值大于财务资本增值。另一方面，企业要以会计为监督，通过有效的审计、监控体系，开展流程化运作，确保扩张的过程健康有序、风险可控。

华为最终确定了集成财经变革的方向，在客户界面对准的是帮助客户商业成功，在内部对准的是企业的长期有效增长，追求扩张与控制的和谐统一。

谈到及时、准确、优质、低成本的交付，不得不提华为的经营哲学。华为不追求企业利润最大化，而是追求一定利润水平上的规模，也可以称为成长最大化。对此，华为保持 8% 左右的年净利润率，只留一部分合理的利润，剩下的让利给客户和合作伙伴。

及时、准确、优质的交付就意味着高投入。高投入如何能做到低成本呢？华为在这方面采用了"深淘滩"的做法，靠内部加强管理、加强研发投入，把对客户创造价值的流程简化再简化，实现对客户的高效、优质、低成本交付。最终，华为构建了自己的核心竞争力。同样的价格水平，华为提供的产品或者解决方案一定最优；同样的产品和解决方案，华为的价格一定最低。

除此之外，集成财经变革还有一个重要目标：打开财经通向业务的大门。财经成为业务的亲密合作伙伴，构建了与企业发展、业务相匹配的财经组织。集成财经变革引入了 IBM 领先的财务管理实践，就是要向业界标杆看齐，发挥财经影响力。

集成财经变革项目基于业界最佳实践，设计了华为未来的财经组织：一是建立了区域财经组织，完善产品、系统部财经等 BP 财经组织；二是建设了 CFO 体系，承接集成财经的制度、流程的具体推行和变革成果，支撑利润中心的精细化管理；三是设立了财务控制人组织，统管计划、预算、业务控制等职能；四是建立了与国际接轨的资金、账务和税务等专业财经组织。

二、集成财经变革的三条确定性规则

华为引入集成财经变革的原因是要以规则的确定性来应对结果的不确定性，那么集成财经变革确认了哪些规则呢？

1. 呼唤炮火的同时必须承担成本，实现资源优化配置

华为加强核算体系建设，按照"谁呼唤，谁承担"的原则，将"炮火"成本核算到受益组织甚至项目。有了核算机制，一线就不会随意呼唤"炮

火"。而"炮火"的提供部门则会努力提高服务质量，增加被呼唤的机会。

华为通过核算和监控，对增长好、盈利好、现金流好的区域，优先配置资源和加大投入；对增长好、盈利差、现金流差的区域，推动业务部门主动调整策略和盈利模式，尽快实现扭亏为盈，实现良性的现金流；对增长慢或没有增长、亏损较大的区域，在资源配置和业务拓展上有所取舍。

最终，华为通过精细化的资源配置，使各个区域根据市场情况、拓展策略自然而然地实现"自我弹性"发展，使资源得以有效配置，创造出最大的价值。与此同时，一线作战组织也最大限度地发挥了主动性，积极寻找战机，灵活应对市场。

2. 商业行为必须以盈利为目标

华为在《关于2012年经营环境分析与关键经营策略的指导意见》中提到："销售的目的不仅仅是签订订货合同，不论多么激动人心的订货都须形成收入，不论多大的收入最终都须转换成利润和现金流，反之，就是饮鸩止渴，将导致公司灭亡。"

销售的目的不仅仅是签订合同。华为对准"回款"这个目标，在机会点到回款的业务流程中设定明确的业务规则，全流程对回款和盈利负责。华为通过建立以客户采购订单（Purchase Order，简称PO）为核心的合同管理体系，尽可能地有效整合从机会点到回款各环节的合同及履行信息，使各专业部门能在信息透明、对称和完整的基础上，服务客户、管理合同并实现合同盈利。

3. 均衡服务与监控，建立有效的风险控制机制

随着华为业务的飞速发展，业务过程中的风险也会越来越大，这就需要加强内部控制，系统、流程化地辨识可能产生的风险，预测各种风险发生后对企业运营造成的负面影响。

控制与效率是相辅相成的。华为在进行适当的控制时也提升了效率，提高一次把事情做对的可能性，保障企业各项业务在"交通规则"的指引下，在"高速公路"上顺畅行驶。这些规则实现了管理、监控与服务的统一，

既有效地支撑了业务发展，又系统性地降低了华为的经营风险。

不经一番寒彻骨，哪得梅花扑鼻香。随着集成财经变革的完成，华为财经组织与全球标杆的财经组织看齐，支撑了企业战略和业务发展。

第三节
变革历程："四个层面"+"两个阶段（Wave）"

2007 年 6 月 18 日，集成财经变革项目群正式启动。纵观华为的整个集成财经变革历程，可以归纳为"四个层面"和"两个阶段（Wave）"。

一、华为集成财经变革的四个层面

支撑企业战略的达成是财务变革的出发点。围绕企业可持续、可盈利增长的目标，财务组织根据企业的战略规划输出财经战略与规划，在战略层面实现业务与财务的集成。同时，企业用财经战略和规划指导财经各项业务有效开展。

为了实现集成财经变革的愿景和目标，集成财经变革陆续启动四个层面的变革项目。图 4-1 为集成财经变革整体框架。

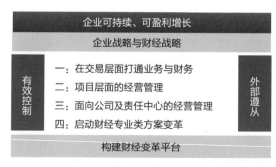

图 4-1　集成财经变革整体框架

第一个层面：在交易层面打通业务与财务

2007 年启动集成推行解决方案（Integrated Deployment Solution，简称 IDS1）。IDS1 聚焦于交易层面，全流程梳理了机会点到回款（Opportunity To Cash，简称 OTC）和采购到付款（Procurement To Payment，简称 PTP）业务，完善并输出了一系列流程和规则，搭建了集成的 IT 系统，实现了客户合同和采购合同信息的端到端拉通，支撑了快速准确开票、准确确认收入等经营目标的实现。

这一阶段的变革包含了若干项目，比如"机会点到回款""采购到付款""共享服务"等。其中，"机会点到回款"和"采购到付款"流程，从交易层面打通业务与财务，使财经管理要素融入日常业务运作中。在"机会点到回款"流程，华为将销售、交付、开票、回款、收入确认、项目预核算等业务、财务活动进行有效集成；在"采购到付款"流程，华为将采购需求、采购订单、验收、付款环节进行有效融合。

IDS1 打通了交易层面的业务与财务，让数据源透明可视，融合控制于业务当中，实现了"加速现金流入、准确确认收入、项目损益可见、经营风险可控"。

业务与财务在交易层面打通后，华为基于可信赖的业务数据源，生成权威、可靠的财务信息，解决了收入确认的问题，加速现金流入。

为此，华为推行了四项新政策：一是建立标准合同条款；二是对客户进行全流程的信用管理；三是优化交付和开票规则；四是完善应收账款的管理政策。

通过"机会点到回款""采购到付款"等项目方案的推行，集成财经变革在第一个层面的业财融合实现了两大价值：一是打通了"合同—回款""采购—付款"业务流。华为通过建立唯一、准确的合同信息源，打通客户采购订单从合同注册到回款全流程，提高了一线主业务流的经营运作效率。二是通过集成财经变革 iSee 平台，对"合同—回款"全流程中的运营效率、业务/财务数据、流程作业质量、合同履行状态分段打开分析，实现了助力一线经营管理的目标。

第二个层面：项目层面的经营管理

2009-2010 年，华为启动项目层面的四算变革，支撑项目层面的经营管理。在交易层面的财务与业务打通的基础上，华为针对项目这一基本的经营单元，实现项目概算、预算、核算、决算的拉通，将项目四算与财务风险管理（如信用、税务、销售融资、外汇、保函等）有机集成，支撑项目层面的经营管理。

项目是最小的经营主体，项目层面的经营管理是基于计划、预算、预测、核算的责任中心经营管理体系运作的基石。投资中心、利润中心、成本中心、费用中心等各责任中心的经营管理规则，最终都在项目中汇聚和体现。

第三个层面：面向公司及责任中心的经营管理

华为启动的第三个层面的变革是面向公司及责任中心的经营管理，包括 2009 年启动的报告与分析项目、2011 年启动的全预算变革项目。责任中心是企业计划预算核算体系和绩效管理的基石。清晰稳定的责任中心管理原则，能够随着公司未来组织架构和业务场景的变化而具体应用，从而避免额外的管理成本和复杂的处理流程。

根据公司的经营理念和面向未来的组织架构，集成财经变革对责任中心（投资中心、利润中心、成本中心、费用中心）进行了清晰的定义，并明确了主要 KPI，对各组织对应的责任中心类型进行了定义。华为围绕这些责任中心，以"计划、预算、预测、核算"为主线，开展面向责任中心的经营管理，从而实现经营结果的可预期、可管理。

第四个层面：启动财经专业类方案变革

华为启动的第四个层面的变革是财经专业类方案变革，包括资金、税务遵从、成本与存货、关联交易等项目，重在提升财经专业能力和价值，支撑财务成为业务的合作伙伴。

另外，2007 年起，内控管理作为集成财经的子项目，在 IBM 的帮助下，开启了从零起步的变革大门，逐步建立起基于 COSO（即美国反虚假财务报告委员会下属的发起人委员会）模型的内控体系。内控项目确保了业务的有效控制和外部遵从，为业务发展提供支撑和保障。有效管理业务／财务风险是企业各项业务有效开展的基础。

为了确保变革成果的承接和持续优化，华为还构建了财经变革平台。华为在启动各项变革项目的同时，一方面大力加强 CFO 组织建设和能力提升，通过财经三支柱模型构建面向未来的财经组织；另一方面将集成财经变革成果固化到公司的各项规则、流程和 IT 中。

二、华为集成财经变革的两个阶段

集成财经变革项目群分为阶段 1、阶段 2 两个阶段。

阶段 1 主要围绕交易层面打通业务与财务、内部控制、外部遵从、财经变革展开，共计 10 个项目。

阶段 2 主要围绕着责任中心的经营管理、财经战略与规划、财经专业领域展开，共 6 个项目。

另外，还有 3 个跨流程项目：IT、数据和变革管理。

华为的集成财经变革，通过"四个层面"和"两个阶段（Wave）"全面而深刻的变革，不仅提升了企业运营的效率，而且深化了企业文化，使华为在全球化浪潮中迈出了更加坚定的步伐。

第四节
变革落地：集成财经变革落地四大举措

集成财经变革不是企业短期内立刻见成效的项目，而是企业一项长期持续的征程。集成财经变革的本质是"变思想"，企业在推行和落地集成财经变革的过程中不仅要改变人的思想，还要改变人的行为，由此可见变革的难度很大。

华为在全球多个国家和地区都有业务，不同的国家和地区有着不同的业务场景和痛点，只有与价值创造的各种不同业务场景相结合，变革才能真正落地。

为了解决集成财经变革落地的问题，华为主要有四大举措。

一、流程"收敛口"向上标准化，向下灵活化

任正非认为，学习 IBM 的优点、方法，不要僵化，不要教条，在重要流程上要以规则的确定性来应对结果的不确定性。但是，不同的流程在不同的节点有一定的收敛口。**收敛口向上一定要标准化，不然后方看不懂；向下要灵活化，在末端可以有一些灵活性。**

华为在变革中强调代表处所有流程输出的接口应该是标准化的。但是代表处本身内部的运作流程可以有些不同和差异。在流程收敛之前，允许代表处根据具体的业务进行具体调整。

二、集成财经变革必须由企业"一把手"和业务主管牵头

2007 年年初，华为召开了财经变革项目规划启动会，明确了"财经变革不是财经管理部的变革，而是整个公司的变革，所有业务管理团队都要卷入变革"。

为什么说财经变革是整个企业的变革呢？因为集成财经变革实际是面向企业长远发展的，要以经营为主线来拉通企业所有的业务流程，包括战略到执行、线索到回款、集成产品开发等，对准企业收入和盈利，使每个业务流程形成商业闭环。集成财经变革不仅要提升财经专业能力，更要提升企业的整体经营管理能力。

集成财经变革是"一把手"工程。集成财经变革要想变革成功，必须

由企业高层牵头，使所有业务团队参与进来。集成财经变革作为企业重要的变革项目，由任正非亲自担任赞助人，企业高管郭平、胡厚崑、梁华作为领导组领导，CFO孟晚舟女士亲自担任项目群总项目经理。变革项目群的其他领导以及各变革项目负责人需要同时具备高级管理经验以及一线业务经验，具备全局观和忠诚度。项目组成员也是在企业中精挑细选出来的、具备一线成功经验、懂业务及具备专业能力和发展潜力的骨干员工。图4-3为集成财经变革团队成员构成。

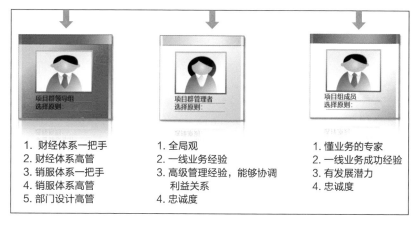

图4-3 集成财经变革团队成员构成

从集成财经变革开始，华为就投入了精兵强将来配合IBM进行变革。这支专职的变革团队也随着变革成长，后来成为华为及财经各个领域落地变革成果、承担面向未来财经体系建设职能的"顶梁柱"。

纸上得来终觉浅，绝知此事要躬行。华为高度重视知行合一。在华为高层指示会中，变革领导组反复强调要"集中精力向IBM学习不动摇，变革最重要的问题是落地""要把业务变革和财经变革统一结合起来，要把最优秀的人抽出来参加集成财经变革，集成财经变革是培养将军的地方"。当年加入集成财经的很多负责人和成员就是由变革项目经理孟晚舟女士亲自挑选加入的。

三、统一集成财经变革思想，坚定变革决心

从一开始，华为就明确了集成财经变革的指导思想。

七个反对： 反对完美主义，反对烦琐哲学，反对盲目创新，反对没有全局效益提升的局部优化，反对没有全局观的干部主导变革，反对没有业务实践经验的人参加变革，反对没有充分论证的流程被使用。

变革节奏： 变革是永远不会停止的，我们不主张大起大落的变革，我们的变革都是缓慢的、改良式的变革，不是产生一大堆英雄人物叱咤风云就算变革。

变革落地： 任何变革最重要的问题是落地。因此我们认为，任何一个变革，不在于它的开工，不在于它的研讨与推行，而在于这个变革能否落地，能否起到切实的作用。

端到端视野： 如果企业机械地推行变革，但每个人对流程制度的理解不一致，就会把企业改得七窍八孔，乱成一团。任何时候，做任何事情必须有端到端的视野。

这些指导思想使华为统一了变革理念，也让企业上下坚定了变革决心，为变革的推行成功打下了良好的思想基础。

四、变革推行五部曲，有计划有节奏地推进

变革是一个复杂而持续的过程，需要一系列推行动作、组织、流程、工具等提供保障。在 IBM 辅导集成财经变革推行的过程中，华为也总结出了一套标准化的推行方法论，即**推行五部曲：推行前准备→现状调研与方案适配→方案培训实施与系统演练→系统测试与业务上线→总结移交与上线后支持。**

例如，华为会在全球规模的推行开始前，选取几个国家作为试点，验证变革方案。验证通过后，华为才会启动全球规模推行。例如 2009 年 8 月，IDS1 中的"回款、收入、项目与核算"方案在埃及、德国、印度尼西亚试

点推行上线后，才开始全球规模的推行。

我曾作为集成财经变革项目经营方案包规模推行的推行经理，参与了土耳其办事处、泰国办事处和中国广州办事处的推行工作。在推行五部曲的指引下，我圆满地完成了变革推行工作。

推行前准备：变革推行组到推行现场前，要开展前期调研和推行前准备工作，包括选拔当地的推行"金种子"（当地销售、交付、财经、IT 等部门推行的关键代表），沟通明确推行目标、策略、详细计划及执行措施，以及识别推行关键利益人和任命推行人员等，为后续推行工作的正式开展做好铺垫、打好基础，确保推行顺利进行。

现状调研与方案适配：变革推行组到了现场后，首先要召开开工会，详细调研业务现状，梳理业务痛点，匹配集成财经变革方案并针对改进机会点提出改进建议，确保流程顺畅。

方案培训实施与系统演练：变革推行组确定适配方案后，开始实施变革详细方案培训和操作系统演练，保证一线用户掌握方案要点和 IT 操作，确保人员赋能到位。

系统测试与业务上线：变革推行组完成培训后开始实施系统验证测试，发现解决测试问题和提出系统新需求，清理历史数据，并评估上线成熟度，开通用户账户。一切准备就绪后，则切换上线。

总结移交与上线后支持：上线后，变革推行组明确集成财经变革落地承接和持续优化组织，将持续运营工作移交给当地承接团队，确保业务平滑过渡，并建立上线后支持机制，确保新流程关键业务动作和集成财经变革成果不变形。

在具体推行五部曲时，我们按照"流程'收敛口'向上标准化，向下灵活化"的原则，根据具体场景做了调整，使变革方案能够顺利落地。

2013 年，我在广州办事处推行集成财经变革项目经营方案时，通过前期调研发现广州办事处与全球的业务场景差异非常大。当地主流的项目客户都采用集中采购方式，一般每年在客户总部集中招标一次，后续各省市在集中采购框架下再签订合同和下发采购订单。

集中采购框架基本确定了全年的项目产品服务采购范围、采购价格、交付模式、付款条款等关键内容，因此集中采购框架的方案和价格非常关键。

客户采用集中采购主要是为了压低价格，降低采购成本。如何提交报价是最关键的，集中采购的概算是项目投标商务决策最关键的支撑。但集中采购时，往往全年的产品服务配置和数量并不确定，交付、付款等条款也可能存在变化。

相反，广州办事处的项目交付场景非常简单，一般没有海外复杂的"交钥匙工程"，把设备运到客户现场，安装调试好就可以验收了。项目的预算基本和概算差别不大，并且涉及需要管理的成本费用科目并不多。因此，广州办事处的项目经营方案最关键的是集中采购项目的概算方案。

我们根据集采的主要产品配置模型、各类成本费用基线、价格基线等重新优化了概算模板和方案，这样可以在集采项目招标时，快速高效地输出概算结果，而且可以方便根据投标方案迅速调整。同时，我们对预算、预测环节进行了精简，保留了最主要的控制点。

整个项目经营方案流程、工具等虽然根据当地场景做了适配，满足了客户需求，但变革理念和精髓没有改变，最终落地的变革方案获得了办事处高度认可，变革成果也获得了公司总部的嘉奖。

为了支撑集成财经变革规模推行，华为成立了集成财经变革全球推行领导组，销服体系总裁任组长。地区部成立集成财经变革区域推行领导组，地区部总裁任组长，是区域推行落地的第一责任人。华为明确"推行采用问责制，地区部总裁/代表处代表要承担落地责任"。

为了巩固集成财经变革成果，华为在代表处成立了合同管理及履行支持部（Contract Support Office，简称CSO），负责集成财经变革落地工作，这是集成财经变革推行的必要支撑组织。为了培养集成财经变革后续推行和业务承接的"种子"，华为要求各区域及代表处按照集成财经变革推行计划，提前两个月委派骨干人员（CSO/ 财经 / 交付 / 流程 IT4 类角色）参与集成财经变革工作，并到华为总部提前参加培训，以便培养一批懂得变革、理解业务的人员，保障本区域变革的顺利推进及成果传承。

有道无术术可求，有术无道止于术。正是有了这些变革落地的举措、方法、流程、工具等支撑，华为的集成财经变革才得以在各个区域顺利落地。集成财经变革是华为从一个国际化企业"化蛹成蝶"，蜕变为一家实质意义上的全球化企业的关键历程。

第五节
变革固化：三大抓手固化变革成果

对任何变革而言，上线后的持续运营和固化是最终变革目标能否实现的关键。一旦变革推行组离开，没有好的运营机制，很可能一切推倒重来，变革的努力前功尽弃。为此，华为从组织建设、系统平台和运营机制上促进变革成果的持续固化。

那么，华为是如何对集成财经变革成果进行持续固化的呢？归纳起来，主要有三大抓手。

一、财经组织转型为三支柱结构

从组织建设上，华为要求财务组织依托集成财经变革推行的平台实现转身。因此，华为将财经组织转型为三支柱结构。

首先，华为在各个责任中心（区域、客户线、产品线、成本中心、费用中心等）建立了相应的 CFO 组织作为财经的作战部门，在一线和业务并肩作战，直接支撑业务的价值创造。

其次，华为建立了提供专业、集成的解决方案与赋能的 COE 组织，以及提供高效、优质、低成本的共享财经服务的共享服务中心（Share Service Center，简称 SSC）。这些组织在后端为 CFO 组织提供作战能力和作战武器，是 CFO 组织的有力后盾。华为在确定集成财经变革成果落地承接组织及运作机制后，明确 CFO 组织负责统筹所有集成财经变革成果的持续优化及落地。CSO 和财经负责业务优化，流程 IT 负责流程支持及质量保证（Quality Assurance，简称 QA），在组织流程上保证集成财经变革推行后持续改进。

最后，财经全球流程责任人（Global Process Owner，简称 GPO）确定了分层级流程负责人，使他们负责各级财经业务流程的优化和改进。

二、建立了原始交易数据的展示及验证平台 iSee

华为的财经组织建立了原始交易数据的展示及验证平台 iSee，如图 4-4 所示。

通过经营分析可视平台 iSee，华为可以集成业务和财务数据，实现合同履行状态可视，及时发现短板，实时端到端监控，通过合同、项目、区域、责任中心各维度展示，构建唯一的经营管理平台。

图 4-4 经营分析可视平台 iSee

经营分析可视平台 iSee 主要有以下功能：

iSee 平台继承了多个系统数据，支持从开票回款视角集成展示业务从合同签订到回款的多个关键周期，可及时预警、展示异常，详细展开多段关键业务周期，支撑深潜分析。

iSee 平台支持围绕合同注册、交付触发开票、收入触发、项目预算、回款共 5 类多个作业质量类数据分析。

iSee 平台支持合同签订、订单处理与物资、交付实施（收入）、开票与回款 4 个阶段共多个关键状态集成可视。

iSee 平台支持展示合同金额、交付金额、开票金额、收入触发金额、回款金额 5 类数据，按实际和计划两个维度展示各关键数据的累计值和当期值。

iSee 平台能够支持运营效率分析、作业质量分析、合同履行状态查询，使交易过程中数据透明，支撑运营数据和财务数据质量提升，以及揭示经营问题。

另外，华为还通过交易核算自动化、ERP 优化、数据调度优化、数据质量监控以及提升数据分析平台的性能，实现了全球核算实时可视，过程可跟踪、可管理；通过报销系统建设，大幅度提升了费用报销的效率。

华为将集成财经变革的成果最终都固化到了流程和 IT 上，将变革要求转化为日常的作业活动，这是变革落地的关键。

三、以 FMM 测评和赛马机制作为重要的运营工具

在集成财经变革落地和持续运营过程中，财经成熟度指标 (Financial Maturity Metrics，简称 FMM) 测评和赛马机制作为重要的运营工具保障变革持续推进。

FMM 定义华为需要的财经能力，测评集成财经变革的整体发展，确定变革路标，驱动财经能力提升。

FMM 分为五个等级：有意识、发展中、已实践、优先级和领先级。这五个等级分别对应着在财务管理水平是以"高投入、劳动密集型交易为导向的流程工作"为主，还是以"业务为导向，更好地管控风险"为主，以及在这两个状态之间逐步演进。

FMM 作为华为财经管理改进的晴雨表，持续推动变革的进程。2007 年，集成财经变革之初，华为的 FMM 水平还处于介于"有意识"和"发展中"的 1.15 分；到了集成财经变革完成后的 2015 年，华为的 FMM 水平已经提升到了介于"已实践"和"优先级"之间的 3.2 分，财经管理水平得到了大幅提升。

华为为了评估集成财经变革运营效果，也为了进行考核和激励，推行了赛马机制，让有意愿的马跑起来（易岗易薪），让跑起来的马跑得更快（目标激励），让跑得快的马跑得更远（长期激励）。

何为赛马机制？我们以华为欧洲总部公布的赛马机制为例来解释这一机制。

赛马原则：赛马不是目的，只是手段。华为推行赛马机制的目的是要通过赛马促进业务的有效增长，并使集成财经变革在欧洲真正有效落地。

赛马策略：分场赛马、月度公示、季度奖励、代表述职。

分场赛马：西欧、东北欧各代表处进行分场赛马。

月度公示：从集成财经变革组织建设和例行运作、KCP 遵从性评估、主要经营指标三个维度对各代表处进行月度打分排序并例行公示，从而促进各代表处及时自我优化。

季度奖励：西欧对赛马季度第一名奖励 10 万元、第二名与第三名各奖励 5 万元；东北欧对赛马季度第一名奖励 5 万元、第二名与第三名各奖励 3 万元。

代表述职：在地区部季度大会上，例行安排赛马第一名代表介绍经验，并安排赛马最后一名代表总结不足并制订提升计划。

华为通过赛马机制加强了代表处变革相关部门的团队协作，固化了 CFO、CSO、销售、交付等相关角色的职责和动作，分解了具体指标并确定了责任人。在赛马过程中，华为也加强了财经和业务的协同运作，对赛马过程中发现的问题和短板，制定了明确的改进措施和时间计划。

集成财经变革使华为将财务从被动地支撑业务开展转变为主动、有前瞻性地为业务开展提供建议，对业务发展起到了保驾护航的作用。以集成财经变革为标志的管理变革和数字化转型，支撑了华为从全球化规模增长向全球化有效增长的转型，大幅提升了华为整体的经营管理能力和效益水平，使华为成为有长远生命力的企业。

华为 CFO 孟晚舟女士在华为 2013 年业绩预告发布会上的发言也佐证了上面的观点，她在回答"华为利润增长来自哪里"的时候指出，华为2013 年主营业务利润为 286 亿~294 亿元，主营业务利润率为 12.1%，同比上一年 9.1% 增长了 3 个百分点。这 3 个百分点中，2.8 个百分点来自管理变革，其中集成财经变革贡献了 0.5 个百分点。

却顾所来径，苍苍横翠微。华为财经体系至今仍沿用着集成财经变革建立的管理体系和流程架构，经过多年的纵深发展，已经渗透到了业务运作的各项细节中，这也是华为始终保持旺盛生命力的原因。领先者，必有领先之道。华为集成财经变革的每一条举措、每一个行动都与组织战略意图强关联，弹无虚发。上下同欲者，胜；力出一孔者，强！

第五章

加速回款和
收入确认：

在交易领域支撑
价值创造

第一节

从孤军奋战到跨部门协同：LTC 实现卓越运营

交易是企业向客户交付价值并获得回报的过程。可以说，企业的一切经营活动都是围绕交易的达成而展开的。企业只有进行交易才能在市场上兑现企业创造的价值。因此，**交易质量是企业经营的龙头，是决定一家企业经营绩效的关键**。

一、"铁三角"：从孤军奋战向精兵作战小组进化

2006 年 8 月，华为某代表处参与一个移动通信网络项目的招标。在一次客户召集的网络分析会上，华为某代表处的参会人员向客户解释各自领域存在的问题。客户当场毫不留情地说道："我们要的不是一张数通网，不是一张核心网，更不是一张'交钥匙工程'的网，我们要的是一张可运营的电信网！"因为没有满足客户的需求，此次华为没有中标。

客户的质疑言犹在耳，工作方式的改变迫在眉睫。随后，该代表处决定对一线作战团队进行变革，以客户经理（Account Responsibility，简称 AR）、解决方案经理（Solution Responsibility，简称 SR）、交付经理（Fulfill Responsibility，简称 FR）为核心组建项目管理团队，形成面向客户的"铁三角"，从点对点被动响应客户到面对面主动对接客户。当一线作战团队方式变革成功后，一线作战小组"三人同心，其利断金"，在第二年的招标活动中成功中标。

2006 年，我被派驻亚太地区部，负责当地的合同商务工作，经常要到

现场与客户谈判合同条款。那时，华为的每个部门分工明确，泾渭分明。分工细化虽然在一定程度上保证了专业性，但在销售界面也带来了各自为战、无法形成统一声音的问题。当时，华为的谈判队伍往往是七八个人，甚至是数十人，从人数上绝对压倒了客户谈判团队。友商的谈判队伍往往只有三个人：一个客户经理、一个产品经理和一个商务经理。

华为"庞大"的谈判队伍聚集了各个部门的人员，从表面上看，似乎能够体现出对客户的重视程度。但实际情况是，各个部门只考虑自己局部的立场，甚至在客户面前出现了部门之间立场不一致、表述前后不一致的尴尬局面。在这种场景下，华为如何能保证切中客户需求，顺利签下合同呢？

2005年开始，华为的海外营收开始高于国内营收，销售团队需要面对大量的海外项目。相比国内业务，海外客户需要的往往是解决方案而非简单的产品，项目交付牵涉到产品、交付、采购、物流等环节，这需要的不仅仅是一线的销服组织，还需要后端的研发、生产、财务、人力等组织。同时，海外客户的需求更加复杂，跨产品的解决方案和跨区域交付成为常态，合同也出现了大量质量和风险问题，比如款项回收不了、工期紧张、罚款苛刻、项目亏损等。

本文开头案例中的"铁三角"模式很好地解决了这个问题。华为的"铁三角"模式借鉴了现代美国军队的作战模式，以聚焦客户需求为宗旨，以客户经理、解决方案经理、交付经理组成工作小组，形成面向客户的"铁三角"作战单元，做厚客户界面。同时，华为以项目运作为抓手，以项目成功为导向，打破企业各部门的功能壁垒，形成以项目为中心的团队运作模式。

"铁三角"作战单元在授权范围内，有权利直接呼唤炮火。华为通过让听得见炮声的人来做决策，将客户经理单兵作战转变为三人团队作战，将支点建立在离客户最近的地方，生动地体现了"以客户为中心"的企业文化。

二、LTC：直接面向客户跨领域协同作战的流程

除了形成面向客户的"铁三角"作战单元，华为还需要一套业务流程

与管理机制，使每一个大项目能够有序合作与交付。于是，2010 年，华为开启了 LTC 变革工作。

LTC 是从端到端贯穿公司运作的主要业务流程，承载着公司最大的物流、资金流和人力投入。在华为的 16 个一级流程中，LTC 属于运作流程类，是直接面对客户、完成客户价值交付的业务流程。

LTC 是从销售视角建立的"发现销售线索——培育线索——将线索转化为订单——管理订单执行 / 回款"的端到端的流程。它的主要目标是：项目三角协同，售前售后贯通，合同赢盈并重和质量风险可控。

LTC 主要分三大阶段：管理线索、管理机会点和管理合同执行。其中，管理线索阶段分为收集和生成线索、验证和分发线索，以及跟踪和培育线索等活动。它主要倡导一线销售人员扩大喇叭口，更早地介入到客户的采购流程中去。管理线索阶段通过一系列方法论、工具、模板以及对客户行为的分析，指导一线销售人员将有效的线索转化为客户的购买需求。

管理机会点阶段包括验证机会点、标前引导、制定并提交标书、谈判和生成合同等活动。管理机会点的目的是将管理线索阶段培育好的线索，通过销售沟通、引导、投标等动作，转化为可以签订的合同。

管理合同执行阶段包括管理交付、管理开票和回款、管理合同 /PO 变更、管理风险和争议等活动。管理合同执行的目的顾名思义，就是将售前阶段签好的合同履行交付完成，同时保证验收和回款，处理好风险和争议，确保客户满意。

为了保障 LTC 阶段的运营质量，将销售管控要求和业务规则落实到流程中，LTC 设立了五个关键决策点，分别是：立项决策（Authorize to Invest，简称 ATI）、投标决策（Authorize to Bid，简称 ATB）、签约决策（Authorize to Contract，简称 ATC）、合同变更决策（Authorize to Amend Contract，简称 ATAC）和合同关闭决策（Authorize to Close Contract，简称 ATCC）。在这些关键决策点，各级销售决策团队决策是否投资参与此项目，是否递交投标书，是否同意签订合同，是否同意进行合同 /PO 变更，以及是否同意关闭合同。

LTC 方案概览如图 5-1 所示。

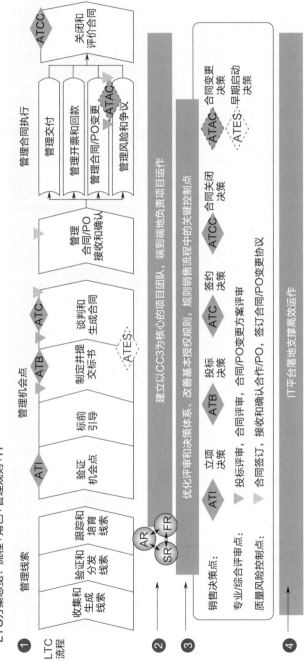

图 5-1　LTC 方案概览

LTC 流程主要解决了华为销售体系四个方面的问题。

- LTC 流程是端到端的集成销售流程，对准收入和回款，打通了管理线索、管理机会点以及管理合同执行的全过程，使跨领域业务能够高效协同。
- LTC 流程提供了面向客户作战的组织保障，成立了"铁三角"作战单元，通过客户经理、解决方案经理和交付经理相互配合完成项目，让听得到炮声的人来呼唤炮火，形成协同紧密的跨部门作战团队。
- LTC 流程制定了关键评审点和决策点规则，确保业务有效以及风险可控，建立了对一线的授权机制，提高了一线的决策效率。
- LTC 流程固化到了 IT 系统，一线人员登录 IT 系统后，就能获得作战所需的资源、能力和服务，业务过程透明、可视并监管有效。

华为通过"铁三角"作战单元和 LTC 流程变革，不断优化以客户为中心的运作流程，离客户越来越近，提升了整体经营指标（包括财务指标、客户满意度指标和运营绩效指标），实现卓越运营。

第二节

从开不出票到 PO 打通：OTC 提高一线经营效率

交易层面的业财融合是支撑交易领域卓越运营的关键，是很多企业迫切需要解决的难题。华为在交易层面进行了一系列业财融合变革和实践，值得多数企业借鉴。

2010 年，华为年销售额达到了 1850 亿元，其中海外业务占比超过 65%，净利润达 238 亿元。华为每年处理合同多达 5 万多份，PO 多达 290 万份。如此庞大的工作量全部依靠手工处理，导致处理效率比较低。比如，合同上传周期平均长达 16 天，影响合同履行准备及交付及时性。由于合同处理周期压缩了运输周期，使得空运比例加大，交付成本增加。

随着业务量的增大，华为在交易层面的问题接踵而至，主要表现在以下五个方面。

- 在交付履行环节，企业销售回款流程没有与客户采购付款流程实现对接，未按客户 PO 维度管理，不能按照开票要求及时主动地提供交付验收文档。
- 交付计划与开票计划不匹配，触发 + 开票周期长达 30 天，内部运营效率低，对利润及现金流影响较大。
- 对供应商的付款速度慢，大量验收、付款信息依靠台账，错误信息多，供应商投诉多。
- 项目损益概算、预算、预测、核算结果差异大，工程交付压力大，财务成本不准确。
- 合同签了，但是项目验收不了，票开不出来，导致收不回款项，销售前期的努力付之东流。

这些问题极大地阻碍了华为一线业务流程的运作效率。针对这些问题，华为通过打通合同配置信息、PO 不打包这两个措施来提高一线业务流程的运作效率。

一、打通合同配置信息

为了打通合同配置信息，华为将客户物料清单整合为客户化的销售物料清单，直接和采购物料清单进行转换，打通了研发、销售、生产、采购、物流、财务等各环节的配置信息。这样的转换虽然增加了华为总部的维护量，但可以减少全流程七个环节的多次手工转换，提高了项目沟通效率。

二、PO 不打包

PO 是销售、交付和经营的最小单元。打包 PO，指的是将多个 PO 按照一份合同处理。打包 PO 最开始的目的是提高处理效率，但在实践中却出现了华为内部履行的 PO 与客户维度的 PO 不一致的现象，导致客户维度的 PO 信息在企业内部履行时缺失。虽然打包 PO 提高了处理效率，但给交付财务团队理解、认识 PO 增加了难度，同时企业的 IT 系统也不能自动化、集成化地处理 PO，反而增加了履行的成本。

为了解决"按客户 PO 要求及时准确开票和回款"，华为启动了 OTC 变革项目。该项目以加速现金流入、提升回款绩效为目的，以 PO 打通为主线，分为 PO 不打包、售前合同付款条款质量提升、合同注册、订单验证、交付触发开票和 AR 体系管理六个子方案，梳理并优化了机会点到合同关闭全流程的规则。

OTC 变革项目通过建立从合同签订到交付履行各环节的业务规则 IT 系统，连接 PO 信息传递的断点，保障以"客户合同 PO"为核心的全流程信息可视，在提升 PO 整体开票效率的同时也提高了客户满意度。

基于 OTC 项目中打通 PO 合同配置信息的需求，华为"量身定制"了个性化解决方案。

（1）**明确发布了 PO 不打包、合同分签的业务规则**。明确要求报价环节禁止多个 PO 打包处理成一份内部合同，多个 PO 不能并入一份报价清单（Bill Of Quotation，简称 BOQ）。同时，供应链和全球技术服务（Global Technical Service，简称 GTS）部门的项目交付要以客户维度的 PO 进行管理和作业。

一份 PO 的处理成本是 3000 美元左右，为了降低处理成本，提高履约信息传递效率，华为鼓励签大框架合同，在大框架合同下再签 PO，不鼓励单独签小 PO。因此，框架 +PO 的模式成为华为合同签约模式的主流。

（2）**制定合同注册方案**。为解决"合同信息多头录入，数据源不统一，无统一组织来管理"的问题，华为还制订了合同注册方案，统一了合同信息注册（Contract Information Register，简称 CIR）系统。合同注册方案通过合同信息表结构化记载和发布合同履行所需要的关键信息，供后端交付、采购、供应、开票等各个环节使用，保证合同信息的完整性、准确性和及时性。

在合同注册和交付触发开票流程中，华为增加了"合同验证、工勘验证、预付款验证和发货条件验证"四个关键控制点，提高了合同注册的准确性，并验证了合同的履行性，有效控制了履行风险。华为通过计划集成、交付主动触发开票和 CSO，将开票回款对交付环节的诉求与交付业务进行有机融合，支撑应收账款回收期的改善和回款目标的达成。

（3）**打通收入确认全流程**。为解决收入确认与业务实质三重匹配（与合同条款匹配、与交付实质匹配、与现金流入匹配）问题，华为通过合同解析、合同拆分、收入触发、成本归集、收入成本确认及匹配五个方案，打通了收入确认全流程的规则，明确了业务部门是收入确认的第一责任人，使收入确认真实反映业务情况。

（4）**引入"4U（Unit，单元）"**。通过 OTC 变革项目，华为还引入最小销售单位（Sales Unit，简称 SU）、最小交付单位（Delivery Unit，简称 DU）、最小支付单位（Payment Unit，简称 PU）和最小开票单位（Billing Unit，简称 BU）的概念，将每一份合同在与"4U"匹配的前提下基于最小单位报价、交付、开票、回款和确认收入。华为引入"4U"后，不仅加快了验收和回款效率，也明显降低了运营风险。与此同时，华为引入"4U"还将财务流程和业务流程紧密结合在一起，既保证了业务过程的准确，也有利于财务控制。

（5）**优化项目预核算管理方案**。为解决项目成本偏差率较大、项目损益不清晰等问题，华为项目预核算管理方案从预核算管理流程、交付编码和账务核算自动化三方面入手，通过提供清晰的项目核算结果、准备率更高的项目预测和经营分析数据，确保项目损益可见、经营成本可视。在之后启动的项目经营管理方案中，华为变革项目组又进一步优化了项目预核算管理方案。iSee 平台的上线，提供了面向一线业务级财经用户的交易数据展示平台，使交易过程数据透明可视，助力华为经营过程管理。

我当时所在的合同商务部是 OTC 变革的核心部门，承担了 PO 不打包、框架 +PO 模式推行、合同信息注册、合同开票等关键责任。为了更好地承接 OTC 变革成果，合同商务部和 CSO 合并，成立了从售前到售后一站式处理合同的合同商务及履行管理部（Contract Commercial Fulfillment Management，简称 CCFM）。

为了推行框架 +PO 模式，CCFM 发布了标准框架合同模板，将合同的销售、履约、商务、财务等关键条款在框架合同中进行明确，包括未来要交付的产品配置和单价信息。这样一来，PO 中仅需要根据具体交付情况约定发货的产品配置、数量和时间要求，框架合同就可以一次性完成合同交易主要信息的注册、发布，PO 环节仅需要注册、发布少部分交付信息。标准框架合同模板不仅清晰地传递了完整的合同信息，而且大大提高了合同处理效率。

CCFM 在全球各地的商务经理负责推行标准框架合同模板，而 CCFM 在后端的履行组织承担了海量的合同信息注册、发布、交底、开票等责任，为全流程合同管理效率的提升做出了巨大的贡献。

第三节
从交易源头提高回款质量，确保颗粒归仓

中国某知名电视机生产企业 2001 年开始与美国 A 公司交易。2001 年，该企业出口了 12 万台电视机，2002 年出口了 398 万台电视机，出口量翻

了约 33 倍。然而 2005 年 4 月，该企业披露的年报显示了上市以来的首次亏损，2004 年全年实现主营业务收入 115.38 亿元，同比下降 18.36%，全年亏损 36.81 亿元。截至 2004 年年底，该企业对美国 A 公司所欠货款计提坏账准备的金额约 25.97 亿元。美国 A 公司主要通过小额交易建立信誉，后续用赊账的方式与供应商交易。除了该企业，A 公司还拖欠了其他多家中国公司数亿元款项。

在国际贸易中，由于买卖双方处在不同的国家和地区，在地理环境、语言文字、法律制度、外贸政策、贸易习惯等诸多方面存在差异。同时，在全球一体化的贸易环境中，国际市场竞争激烈、瞬息万变，市场价格的波动极大地影响着买卖双方的利益。

另外，买卖双方的经营条件也会不断发生变化，比如企业一时资金周转不灵或发生生产事故等，导致无法履行合同，这些都将使买方或卖方承担较大的商业信用风险。对买方来说，一旦预先支付货款，届时如果卖方不能按合同规定交货，则买方无法及时收到符合要求的货物；对卖方来说，如果先行交付货物，届时买方找理由拒付，则卖方收款存在重大风险。

"回款问题是有可能置公司于死地的。我们不是没有钱，我们有钱，但在客户的拖欠里。我们公司可能会因为现金流的断裂而灭亡，也是很危险的。"2008 年，任正非在会议上很严肃地说道："只要存货还在我们手里，只要我们还没有收到钱，那风险就还在我们这里。所以要从源头抓起，建立项目责任制，从一开始做计划投标的时候，就要想到款是怎么收的。"

仓廪实方能衣食足。现金流是一家企业的生死线，企业不赚钱或许可以活下去，但如果没有现金流可能马上就会面临倒闭。在企业里，影响经营性现金流最主要的因素是回款，因为回款关系到企业的经营质量和现金流。有现金流的利润才能真正"颗粒归仓，落袋为安"。华为是一家以内生性资金为主要资金来源的企业。因此，对经营性现金流的管理非常重要，加强回款管理成了华为财务管理的重中之重。

在分析历年的应收账款数据时，华为发现回款存在诸多问题：一是账龄结构恶化，回款周期长，合同平均赊期过长；二是客户争议解决周期长，坏账风险加大；三是回款预测准确率低，无法有效预警风险；四是客户合同质量难以保障；五是付款条款定义不清；六是开票难、拒票多，回款单元颗粒度太大等。

没有回款，就没有现金流；没有现金流，企业将无法生存。所以，提高回款质量迫在眉睫。那么，华为是通过哪些方式解决回款问题的呢？

一、从源头抓起，改善回款质量

问渠那得清如许，为有源头活水来。要从根源上解决回款问题，唯有找到源头。

付款条款是回款问题的源头。为了从源头改善回款质量，华为进行了三大动作：

- 改善付款条款。发布全球付款条款指引，明确开票里程碑、赊期、付款方式定义；明确赊期起算点，赊期标准天数；所有合同增加滞纳金条款，提醒和约束客户准时付款。
- 细分付款单元。明确付款单元定义，细分付款单元原则。
- 确保交付与付款条款关联。明确交付的目的是回款。在合同中明确交付条款与业务实质，从源头保障准确开票。

比如，华为在改善回款质量前，项目中的硬件、软件和服务等共用一个付款条款，有可能硬件到货、软件下载结束后，还有大量货款要等到所有服务完成才能收款，这明显是不合理的。正常的流程应该将硬件、软件和服务分别进行报价、验收、开票和回款。当硬件到货、软件下载后，企业就应该收回这部分硬件和软件服务 90% 以上的款项。服务也要区分安装服务、维护服务、维保服务等。安装服务验收完成后，企业就应该收回其90% 以上的款项。维护服务进入维护期后要按时间进度回款。维保服务应仅保留设备款项的 5% 左右，按照维保年限收款。

华为通过改善付款条款、细分付款单元、确保交付与付款条款关联三大动作，加速了验收和回款进度，避免因为条款争议延误款项回收。

二、优化开票流程

还有一个主要因素会影响回款，那就是开票。开票难，难开票。每一次开票都是一次冲刺，电话不停要数据，邮件满天飞找数据。财务人员通宵达旦地工作，每开完一次票，就如打完一场大战，大家都筋疲力尽，还没有休整好就要开始下一次战斗，这样周而复始地继续着疲劳战。这是华为某代表处的开票现状。

被称为"华为的英雄编年史"的《枪林弹雨中成长》一书中记录了真实反映开票难的一个案例。华为与客户签订了提供 1 亿元货物的合同，并在系统里注明华为已经发出了价值 1 亿元的货物。本来财务人员要给客户开 1 亿元的发票，同时收回 1 亿元的应收账款。客户后来更改了合同，只收了 3000 万元的货物，可业务人员却没有更改合同，于是在系统里留下了应该收回 1 亿元货款的记录。财务人员为了还原真实的利润，每个节点都要一遍遍去问："是不是要更改合同？项目关闭后存货有没有进行处理？分包商的预付款是不是该收回了？"

有一次，任正非去拜访沙特的客户，临走时，客户满脸疑惑地问："华为为什么只干活不收钱？"任正非把原话带给财务人员，没有批评，没有点评，但就是这句话戳中了财务人员的软肋。当时的实际情况是，华为将货物从国内发到沙特后交给客户。华为要先和客户谈好单价，然后再根据每个站点实际使用的货物数量来确定要开多少发票，应该收回多少款项。当货物交付后，开票人员因没有与站点确认货物的具体数量，造成了没法开发票、难以收款的局面。

为什么会出现这样的问题呢？主要是因为华为的交付人员按"交付进

度"管理，回款人员按"合同维度"管理。交付人员为"交付"而交付，认为回款是财务部门的事情，没有考虑是否能及时收回款项。但实际上，开票人员需要根据交付过程的验收文档、BOQ、单价等信息才能开票、回款。这就导致项目结束或者货物交付后，开票人员需要对照合同信息，倒过来找相应部门要支撑开票的文档。由于开票人员前期未明确要求交付人员提供哪些材料，所以交付人员提供了一堆交付文档，开票人员要从中仔细查找自己需要的文档，费时费力，从而造成工作效率低下，回款周期长。

交付与回款"两张皮"的问题也会导致交付产品与合同信息不符。例如同一份合同下同一单板在不同的站点价格不一样，以及不同合同间单板出现挪用等，导致开票人员无法计算工程价格，开不出票，每年造成巨大的利润流失。

为此，华为除引入"4U"，还建立起集成交付计划与开票计划的机制，发布"交付触发开票管理规定"，明确交付环节对回款的支撑从"被动"变成"主动"，交付项目经理作为及时准确触发开票的第一责任人，在"正确的时间"组织交付团队用"正确的文档"及时触发开票，确保应收账款（Accounts Receivable，简称 AR）数据生成的及时性和准确性。

在计算开票金额时，针对"客户在开票时要算细账，即依据实际交付配置清单来结算付款"的复杂开票场景，华为从"配置、金额、支撑文档和开票时点"四个维度进行梳理，明确变更和优惠业务规则，解决该场景下开票难的问题，大幅缩短开票周期和人员投入，提升开票效率。同时，华为建立了 CSO，在操作层面一站式支持交付触发开票及开票业务运作。

三、体系性规范回款业务

除了改善回款条款、优化开票流程，华为在应收账款管理基础上，**新增流程：回款流程、AR 绩效回顾流程和争议管理流程，系统性规范回款业务，减少回款风险，缩短回款周期。**

回款流程主要通过交付计划与开票计划的有效衔接，支撑回款计划管理、预测及应收账款回收期（Days Sales Outstanding，简称DSO）预测管理；AR绩效回顾流程主要通过对AR绩效实际、预测、目标差异的回顾，建立相应的行动计划和升级求助；争议管理流程主要对客户争议进行识别和跟进，确保客户争议能够得到及时处理和解决。

在回款流程里，华为也建立了"铁三角"团队，即销售融资、回款经理、交付经理组成"铁三角"，共同承担开票和回款责任。在销售团队的考核指标中，回款额占比非常大，对于当年核实的不能回收的坏账，华为将从团队的奖金中直接进行抵扣。这项规定使销售团队非常重视回款管理，不仅要以客户为中心签订合同，而且要签订明确的付款条款，确保验收和开票顺利，保证款项回收。每年到年底时，为了能完成回款指标，拿到奖金，客户经理想尽了办法，甚至每天都等在客户办公室外，苦口婆心地催促客户回款。

在坏账核销过程中，华为发现因客户资信原因造成的坏账比例高达85%，其中70%以上的超长应收账款是由客户原因造成的。为此，华为制定了信用管理方案，在LTC流程的立项、投标、签约、备货、发货和回款六个关键活动中，将信用评估、申请、检查和争议管理等活动融入其中，使信用管理有效地与销售、交付联系在一起。华为通过财务工具，结构化地分析客户的中短期支付能力、财务实力、历史付款记录等，评估客户履约风险，分析得出客户的信用等级和授信额度。

在项目层面，华为根据每个项目的交易规模和条件确定项目预计损失，在报价中作为风险成本进行加成，对客户的签约条款提出建议。华为通过在回款流程中建立退出机制和保障机制，使合同利润得以保障。

四、解决回款争议

解决回款争议是提高回款质量的又一重要手段。华为某代表处CFO讲述了一个解决客户争议并实现收款的案例。

102

华为和某国 G 客户由于历史原因，签订了大量超长赊期合同，导致客户超长期回款数额较大，形成了巨大的风险敞口。通过分析客户财务状况，华为发现该客户财务状况良好，年收入和利润均很高，资产负债率低，同时还有众多产业，有相对稳定的收入，有一定的付款能力。

华为在评估该客户的付款流程时，发现客户对华为的付款和对账流程有所质疑，认为华为的数据口径维度繁多、内部审批流程冗长、对账周期漫长等。对此，华为和客户建立了更清晰和高效的付款和对账流程。经过大半年时间的磨合，流程趋于成熟，华为打消了客户最初的怀疑，对账周期从之前的 14~20 天降低为 3~5 天，为后期的回款效率提升起到了积极作用。

之后，华为的财经团队与销售团队也组建了谈判小组，经过几轮与客户的沟通，谈判小组邀请客户参加华为官方论坛。在论坛会议中，谈判小组提出了准备已久的回款计划书。通过一系列运作和双方高层的良好互动，最终推动客户在论坛会议期间签署了回款计划书。

从上述案例我们可以看出，解决回款问题要围绕 LTC 全流程来审视，从客户资信和付款能力、客户付款流程和客户付款决策链等环节进行分析，从而找到突破口。

在经济活动中，交付的最终目的是回款。这是一个经济交换的基本法则，也是商业活动的生命线。华为在提高回款质量方面进行的尝试，值得大多企业进行借鉴。

第四节
70% 的盈利在售前确定，从源头设计合同利润

企业的最终目标是盈利，而 70% 的盈利是在售前决定的。好的合同条款是实现项目高质量交付和盈利的基础。具体来说，项目的工作范围（Scope

Of Work，简称 SOW）直接影响项目的收入、成本和费用等；项目的商业
模式影响着项目的收入、成本、资金占用、回款等；项目的签约模式可能
带来法律、税务、资金等风险，影响税务成本、资金成本等；项目的贸易
术语影响物流成本、保费、关税等；项目的签约币种影响项目的外汇成本，
也可能带来汇率风险；项目的付款方式直接影响了回款周期和回款的资金
成本等。

接下来，我以两个案例来说明从源头设计合同利润的重要性。

案例一：管好项目盈利关键在销售环节

H 企业获得 M 国 O 客户新牌照项目北部某站点的合同，交付周期为
180 天。但 H 企业在实际交付过程中发现要实现客户要求的覆盖率，需要
增加若干山地站点，原先的设计方案出现了漏洞，因此在实际执行中不仅
交付成本上升（动用直升机、大象等运装设备），而且工期也大幅延长。
尽管网络规划设置了冗余站点，但还是不够，项目交付过程中陆续增加了
20 多个站点和一些微波传送设备，设备成本增加了近百万美元。加之天气
原因、交付资源不足等原因，该项目延期 100 多天，最终损失达数百万美元。
该项目因延迟产生了额外仓储费用、延期罚款等成本，同时也使回款延
期 200 多天，仅延迟回款的资金占用成本就使利润下降 5 个百分点。H 企
业虽然赢得了客户，拓展了市场，但是不仅没有利润，还造成了非常大的
损失。

这个案例非常痛心，交付期间 H 企业花了大量精力和成本去填售前埋
下的坑。那么，销售阶段为什么没有人来识别和预警这些风险呢？这些风
险在售前有没有进行充分量化，考虑到项目的报价中呢？项目的各环节是
如何评审决策的？财经在里面有没有发挥作用呢？

可以说，企业要对准交易流确保项目盈利，最关键还是在销售环节。
从源头做好"优生"，为"优育"打下良好的基础。

在销售项目运作过程中，财经解决方案责任人要提供专业化财经解决方案。销售阶段财经重点关注的内容包括回款、税务、融资、保险、外汇、客户信用、保函、商务优惠，以及对应的概算。这九大要素对所有财经专业能力进行了全覆盖，是财经专业程度的直接体现。专业化财经能力一方面依赖于一线的财经 BP 团队，另一方面也依赖于后端专业财经组织的能力支持，共同面向项目 / 客户界面提供优质的综合财经解决方案。

案例二：综合设计售前财经解决方案

华为某产品线一直以来对外都是以集成商的角色承建项目，分期建设，并按照预付款、进度款、尾款和维保款等回收款项，一般根据项目总金额几千万元到几亿元不等，建设周期为 10~15 个月，最后一笔尾款通常在建设完半年内回收完成。

但从 2014 年年底开始，某客户开始要求华为垫付资金先建设项目，建设完后分 5~8 年租用给客户，款项在租用期间按月回收，并且月度回款和客户出租情况相关。在租用期间，华为还要自行承担运营和维护成本。

这种模式带来的风险很大，一是重资产运营，不符合华为的产业政策要求，带来巨大的运营风险，影响资产负债报表；二是建设投资巨大，现金回收周期长，资金占用成本大幅上升；三是租金回款和客户出租情况相关，由于出租时间长，运营风险极大；四是华为承担运营和维护成本，5~8 年的现金流开支巨大；五是收入长期无法确认，资金占用成本非常高，对产业和区域的当期财务结果和考核影响极大。

然而，每年有 10 亿元以上的项目招标，到底做还是不做？做，华为要承担巨大的风险和成本；不做，华为放弃了巨大的销售机会，将机会拱手让给竞争对手。经过和客户沟通，财务人员发现客户之所以采用租赁的商业模式，其关键痛点是资金以及运营风险问题。一方面，一次性投入这么多资金，对客户来说比较吃力，但客户又不想失去市场机会。另一方面，这类项目后续运营期间存在市场波动，如何规避运营风险也是客户要考虑的。

了解了客户真正的痛点后，为了更好地规避风险，财务人员和业务团队一起寻找第三方合作伙伴，由其提供资金，并承担重资产运营和维护责任，这就能够同时解决客户关注的资金和运营痛点问题。由于第三方合作伙伴要承担后续的运营责任，纯金融机构不合适，有资金渠道又有运营能力的上市资产运营企业最合适。

最终，华为在市场上找到了有意愿的合作机构，与其签订了三方合同，在合同中明确了各方的责任和义务，同时也要求第三方将租用多年产生的资金成本在报价中报给客户。为确保风险和责任的转移，华为和第三方合作伙伴又单独签订了转租合同，客户和第三方合作伙伴签订了运营服务合同。项目商业模式的优化打开了数十亿元项目的机会窗，同时确保了项目收入及时确认，避免了运营和回款的风险。

这是财务人员面向客户综合设计售前财经解决方案的例子。在这个案例中，财务BP充分调动了后方的账务、税务、融资、法务等专业部门一起设计商业模式和合同条款。从合同条款、商业模式、项目定价上提供综合财经解决方案，是财务人员直接参与作战，为经营做贡献的最好途径。

第五节　PTP 拉通采购到付款，支持一线项目高效、低成本和优质运作

企业在采购付款过程中，常常会出现一系列问题，如供应商资源不能及时到位、重复采购、虚假验收、自行采购等不可控的风险；供应商无PO进场，不易控制；无法获取实时、清晰的采购成本数据，采购成本过程控制困难；采购到付款全流程数据不可视，对供应商付款不及时，过程监控

困难等问题。究其原因，关键就是采购不是按项目来驱动的。

我以两个非常典型的案例来说明。

案例一：零星费用导致账目混乱

刘总出差回来，发现办公桌上放了一沓厚厚的费用报销单。其中两张特殊的发票引起了他的注意："70 米长电源母线 2 根，费用 300 美元""基坑土方回填，4 立方米，费用 50 美元"。刘总跟区域经理核实后了解到，这些都是由于站点交付时间紧急，来不及进行正常采购，就让站点工程师在当地采购了物料。

刘总陷入了沉思，这些报销费用虽然单笔金额不大，但零零星星不断发生，而且没有详细的记录，导致账目混乱。

案例二：一字之差引发的争吵

一天下午，站点工程师 A 在办公室与 PO 履行专员 H 在电话里吵了起来。

A：你不知道项目时间紧急吗？为什么要退回这个采购请求（Purchase Request，简称 PR）？只有一个字的差异，你直接改了不就得了？

H：你先不要急，我也是按流程办事。你上周提了 PR 之后，我们一直在等采购物料专家团（Commodity Expert Group，简称 CEG）的认证结果，今天才收到 CEG 传过来的采购协议，发现协议上写的微波采购单位是"套"，而你提的 PR 是以"跳"为单位。双方的信息不一致，按照流程是要以协议为准，而且我是不能修改 PR 的，所以只能打回了，你赶紧改一下吧。

A：就为了这一个字，你退回我修改，然后再走一遍流程，到时 PO 还要打印出来邮寄给供应商，这又要花时间，这样折腾下来，供应商什么时候才能进场？采购为什么不早点与我沟通？

从上面两个案例我们可以看出，案例一中的人员自行采购是为了解决项目交付中急需的服务辅料而设立的快捷途径，但也是内控问题的高发区域，一直由于没有 IT 支撑而难于监控和审计。案例二中的采购语言（指分包采购需求的分类、描述和单位）在交付组织、CEG 和供应商、财务各部门自定义，导致 PR、PO 下发环节反复沟通、退单，耽误了供应商进场，影响交付进度，增加了企业内部无效的运作成本。

为了解决如上问题，华为通过采购到付款（Procurement To Payment，简称 PTP）集成方案，明确了"拉通采购到付款，支持一线项目高效、低成本、优质的运作"目标。PTP 集成方案的总体思路是：采购和财经要融入业务中去，通过采购到付款的拉通，实现安全、高效、低成本的运作。华为强调以项目来驱动采购，一线销售人员要根据客户的需求呼唤采购资源。

PTP 集成方案首先对应销售流，根据客户需求和项目方案，分解出对应的采购业务支撑流，相关人员根据采购履行流程来满足采购需求。采购履行流程结束后，进入采购付款流程，完成对供应商的支付。华为内部哪个部门要采购，哪个部门就要承担采购成本，最终将采购成本结算到项目上，归集到具体的责任中心。

PTP 集成方案包括四大要点：一是以项目为核心，采购融入业务，工程采购和行政采购要分别融入交付及行政流程，支持业务；二是打通采购认证和采购履行，对采购合同实行闭环管理，按里程碑验收付款，采购到付款集成运作；三是财经介入采购，通过计划、预算和核算，管理好采购成本；四是全流程状态可视，将内控融入业务，实现效率与安全的平衡。

PTP 集成方案在实践中要注意以下三个方面。

一、采购要匹配业务流程，要按项目来驱动采购

采购人员要按照项目来驱动，使采购真实匹配项目需求，谁采购谁就承担成本，这样才能使采购成本核算到项目中。采购要匹配的业务流程包括和 LTC 流程匹配的工程采购、生产采购和物流采购，和行政差旅流程匹配的行政采购和差旅采购。

在 LTC 流程的投标阶段，采购人员要基于客户采购需求评估、询价，提供满足客户需求的采购方案和对应的报价。在正式签约后，采购人员要根据合同交付计划制订采购计划，并进行采购的招标、订单下发以及供应商供应交付管理、验收付款等动作。行政采购要进行分类管理和授权，推出行政采购全球统一的"易购"系统，简化低值易耗采购，改革小额采购核销的问题，确保及时、简单、高效地满足平台运作需求。

二、采购认证要和采购履行打通，核心就是采购前后端流程打通

采购合同需求进行交底，确保采购所有结构化信息从售前传递到售后，包括采购产品、采购价格、付款条款、交货条款、验收条款和非标需求等。同时，结构化条款通过 IT 系统传递，使得采购需求在交付、验收、付款等各环节透明可视，提高采购和付款效率。同时结构化条款明确了采购付款的关键活动，包括接收发票、创建和批准凭证、问题处理、重复发票检查和支付处理等，确保财经能够通过付款活动监督采购业务的全过程，最终保证支付准确、安全。

三、财经需要介入采购全流程，实现准确、安全地支付并控制成本

财务人员介入采购全流程，是为了更好地支持采购业务，实现准确、安全地支付并控制成本。售前阶段，财务人员要参与采购人员确认客户需求的过程，评估采购报价和成本的合理性。交付阶段，财务人员要确保采购计划和预算拉通，采购预算要进行评审和授予，要通过预算对采购的成本进行牵引，超预算的采购需求要进行控制，确保采购需求匹配业务，低成本高质量交付。同时，财务人员要确保采购信息完整传递，采购成本要

能核算到项目、PO、产品等。

简而言之，IDS1 项目实际是企业围绕以客户为中心的交易领域进行的业财融合变革和实践，它包括了 OTC 和 PTP 业务，其中 PO 打通和回款方案确保了现金流入的加速，收入和开票方案确保了收入的准确确认，信用管理确保了销售的健康有效增长，项目预核算和 iSee 平台确保了项目损益可见，PTP 集成方案拉通采购到付款的全流程，提高了采购的效率和效益。通过流程集成、IT 支撑和组织保证，企业拉通了交易层面的业务和财务活动，建立了基于业务数据的可信财务数据源且全程可视，最终为实现"加速现金流入、准确确认收入和项目损益可见"的集成财经变革目标搭建了良好的业务基础与平台，促进了交易领域价值创造目标的实现。

第六章

管好最小价
值创造单元:
在项目领域支
撑价值创造

第一节
项目经营的痛与泪

2005 年，华为在海外市场的销售收入首次超过国内市场，海外销售收入占企业整体销售收入的 58%。随着海外销售规模的扩大，华为开始面临海外财务运营风险。比如，企业低价签署了项目最后却无法交付，或者项目交付了却收不回款项，又或者大量存货积压在仓库里……这些财务风险导致当时华为的利润率在销售收入大幅度增长的同时却在大幅下滑，出现"增收不增利"的情况。

华为在海外市场的快速发展时期，恰逢全球 3G 建设步入快车道。各国陆续颁发了许多电信运营牌照，其中不少客户是新网新牌。为了拓展市场，华为开始承接之前从未做过的含土建工程的 Turnkey（"交钥匙"）项目。

项目作为企业中的最小的价值创造单元，项目经营的好与坏直接关系着企业是盈利还是亏损。华为经营 Turnkey 项目并不是一帆风顺的，因为经验不足，曾一度举步维艰。下面，请跟随我的脚步一起来总结一下华为在项目经营上的痛与泪。

一、华为曾在 Turnkey 项目上吃了苦头

华为早期做过一个 Turnkey 项目，我们在此称其为 C 国 S 项目。该项目金额不大，但交付环境复杂。华为项目组经验不足，前期没有做好充分

的准备，导致项目方案和合同质量不高，让企业面临很多风险。

- S 项目规划的 187 个站点分布广泛，施工条件差异大，站点受空间位置和第三方因素限制较多。加之项目从发标到截标时间较短，项目人员无法进行现场勘验，只能根据分包商给出的有限勘验信息进行估计。这不仅会造成站点规划不准确，而且有延误工期的风险，这是 Turnkey 项目的大忌。

- 华为根据客户的要求签订了总价合同（封顶合同），却无法进行详细勘测和网设，导致交付时增加了大量成本却无法向客户申请变更合同条款。

- 由于时间关系，华为在开标前找的 3 家分包商中有两家是提前两天找的，时间仓促和准备不足，导致华为没有获得合理的市场报价。后来，一家有能力的分包商选择退出，华为不得不花更多成本与另外两家分包商进行合作，这些因素造成华为的分包成本远远高于竞争对手。

- 该项目外协产品占比较大，并且市场价格波动较大。由于外协产品价格透明，项目利润空间很小。

- 合理的项目工期应为 120 天，但华为迫于客户界面的压力，投标和签约时将工期缩短至 60 天。项目实际执行工期和计划方案相差太大，容易引发罚款、额外仓储运输、延期回款等一系列损失。

- 项目组在执行过程中因为合同变更，不断被分包商索赔，而华为却没有权利向客户索赔。

- 含土建的 Turnkey 项目中常常涉及路权获取、站点获取、电力引入等责任，有些还需要搬迁旧设备，这对华为这样的电信设备企业而言风险非常高。

起初，华为对这样的项目交付经验不足，没有历史交付成本和报价基线，项目涉及硬件、软件、集成服务、运维服务、维保服务等，如何报价、验收、开票和回款也是一个大问题。

客户为了使项目快速投入商用，对工期的要求非常严格，延期罚款条款也非常苛刻。华为一旦延期，将面临巨额罚款。另外，国际项目往往涉及复杂的外汇、税务条款等，报价、条款设计稍有不慎，就会影响企业的盈利。

由于缺乏经验，在投标这种含工程的 Turnkey 项目的时候，华为的报价要么是友商报价的 2~3 倍，要么是友商报价的 20%~30%。高价当然不可能中标，低价却面临亏损的风险。

Turnkey 项目不仅金额大，而且项目数量多。对华为而言，承接这样的项目，机会和挑战并存：项目管理得好，华为的销售额能够上一个台阶；项目管理得不好，会给华为造成比较大的利润亏损。

含土建工程的项目是典型的含设计、采购、分包的总承包（Engineering Procurement Construction，简称 EPC）项目，在国际上有非常标准和严格的项目管理流程，当时的华为并不熟悉这套流程，在项目运作和经营中经常会遇到如下问题。

- 对 EPC 项目实行分段管理，这种管理模式使销售人员不关心项目是否能交付、企业是否盈利，交付人员不关心合同如何签订，这样一来就导致没有人对项目全流程负责，没有人对项目经营结果和客户满意度负责。
- 项目组销售成员不清楚项目交付需要多少成本，因而在投标阶段乱报价、乱承诺。
- 总部的职能部门喜欢插手项目经营，经常要求项目组汇报工作，但对项目组反馈的问题和求助没有跟进与反馈。
- 总部没有根据项目目标授予项目组对资金和人员的调配权，项目的责权利不匹配。
- 项目组成员要完成日志、周报、月报等各种报告，要向各级领导、各类部门汇报，影响项目运作效率。

- 项目组边执行边做计划，边花钱边要钱，没有明确的计划和预算，干着干着突然发现没钱了，干完了才发现亏损了。

- 项目完成得好与不好，与项目经理等项目干系人利益关系不大，因此项目经理没有积极性和动力改善项目经营。

二、分解 + 标准化，拿下 Turnkey 项目

一家卓越的企业一定是一家不断迭代、改革的企业。意识到项目经营的诸多问题后，为了让 Turnkey 项目盈利，提升客户满意度，华为做出了一系列改进措施。

华为先将 Turnkey 项目分解成电信设备和土建两大部分。电信设备是华为的强项，这部分执行起来较为容易。为了狠补土建知识，华为找来香港金门建筑公司和专门做 Turnkey 咨询方案的一家挪威顾问公司，帮助项目组成员从头学习土建知识。

华为将项目按照难易程度分解后，又对执行动作进行了标准化设计。例如，土建部分分成铁塔、地基和方舱，再将铁塔、地基和方舱一层层地细分下去，比如将铁塔细分成 5 米、10 米、15 米、25 米、30 米和 40 米的规格；调查各个国家的价格基线，并进行分类和存档，做成报价模板；即使是比较个性化的设备安装动作，华为也进行了标准化，比如一个基站竖一根杆，规定往左（不是右）拧三圈（不是四圈，也不是两圈）螺丝，并将安装动作制作成培训光盘，分发给分包商。确定一系列的标准化动作之后，华为与爱立信的 Turnkey 项目报价越来越接近。

从此之后，华为的 Turnkey 项目也开始盈利了。当然，除了研究 Turnkey 项目本身的特点，华为之所以在项目经营上越做越赚钱，归根结底是采用了好的项目管理和项目经营方法。

第二节
项目是企业价值创造最小的单元

美国项目管理协会在《项目管理知识体系指南》一书中为"项目"所做的定义是：项目是为创造独特的产品、服务或成果而进行的体系化的工作。

实现项目目标可能会产生以下一个或多个可交付成果：

一个独特的产品，可能是其他产品的组成部分、某个产品的升级版或修正版，也可能其本身就是新的最终产品。

一种独特的服务或提供某种服务的能力（如支持生产或配送的业务职能）。

一项独特的成果，比如某个结果或文件（如某研究项目所创造的知识，可据此判断某种趋势是否存在，或者判断某个新过程是否有益于社会）。

一个或多个产品、服务或成果的独特组合（如一个软件应用程序及其相关文件和帮助中心服务）。

以下活动都可以称为一个项目：开发或运营一个产品；计划举行大型活动（如策划组织婚礼、大型国际会议等）；交付一个工程（如三峡水利工程）；策划一次自驾游旅游；ERP 的咨询、开发、实施与培训；成立并运营一款子品牌。

对于交付集成解决方案的企业来说，项目是企业在"产品—法律—货款"的市场规律下经营的关键组织形式。企业集成解决方案的研发、销售、交付等工作涉及跨部门跨领域的协作，周期比较长，工作流程较为复杂。因此，企业以项目形式运作集成解决方案是最合适的。

华为的销售流程和客户的采购流程是对应的。一般来说，在客户的项目可行性调研、业务规划、资金批复阶段是华为的线索培育阶段，这个阶段华为要根据客户的痛点、需求、规划来确定华为的可参与空间，并对客户需求进行引导。这时一般以销售人员单点投入为主。当项目的线索培育和商机拓展完成后，客户有了明确的采购需求和采购意向，这时企业就可以成立销售项目组，集结销售、研发、交付、供应、财务、商务等资源，全力支撑客户的标前引导、答标、投标、合同谈判签约等过程。签订合同后，企业可以成立交付项目组，负责合同的履行、交付、验收、回款等过程。交付项目组通过组织企业各方生产要素，完成对客户需求的交付过程，并实现货款回收。图 6-1 所示为线索到回款的项目运作流程。

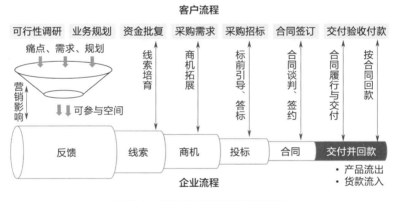

图 6-1　线索到回款的项目运作流程

同样，企业可以以产品开发上市为目标成立研发项目组，去推动产品的定义、研发、生产和上市销售的全流程。

项目管理打破了传统的功能型组织结构，从弱矩阵管理向强矩阵转变，是典型的矩阵式管理模式的最小模型。以项目管理模式开发产品，进行大项目的销售和交付，可以保证全流程的质量管理和商业闭环。因此，项目是企业经营的最小单元。

项目运作涉及企业里多个组织、多个流程的协作，而且每一次项目目标都有变化，没有标准的运作方式可以套用，管理难度非常大。因此，项目管理非常关键。项目经理是项目运作中的关键角色。项目经理需要牵头制定项目目标、细化项目计划、建立项目组织、分解子项目、管理项目进度和风险、处理变更和争议、推动项目验收和回款等。

为了让大家明白项目管理中的角色职责，我用唐僧师徒四人西天取经的故事来进行类比。

如果把西天取经比作一个项目，这个项目为期三年，目标是师徒四人从西天取回大乘佛法真经，子项目是八十一难，项目发起人是如来佛祖，项目的赞助人是唐太宗，项目经理是目标坚定的唐僧，孙悟空、猪八戒、沙僧是支撑唐僧完成任务的关键项目成员。图 6-2 所示为唐僧师徒四人西天取经项目管理示意。

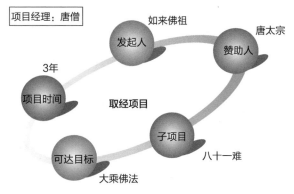

图 6-2　唐僧师徒四人西天取经项目管理示意

唐僧师徒四人西天取经项目是一个非常成功的项目管理案例，有许多成功要素值得借鉴。

- 取经团队成员能力互补。唐僧目标坚定，孙悟空武艺高强，猪八戒社交能力强，沙僧踏实肯干。
- 取经团队目标明确，分工清晰。唐僧负责管理上层关系、指明方向、管理团队；孙悟空负责用技艺解决问题；猪八戒负责解决人际关系；沙僧负责粮草辎重，坚守后方。

- 取经团队得到了各方的支持。上层资源和授权到位是项目成功的关键。唐太宗的通关文牒使取经团队获得了正式授权和外交支持，同时给他们提供了充足的物质保障；在如来佛祖的支持和护佑下，取经团队能够一路降妖除魔，成功到达西天取经。

- 取经团队成员善于使用外部力量。取经团队在降妖伏魔的过程中，碰到棘手的情况时，善于对外求助，除了上层资源，各路神仙、朋友等也是他们求助的对象。

- 取经团队制订了完善的项目计划，每一难都是一个关键里程碑。每过一难，对师徒四人既是考验，也是阶段性的成果。无论多么复杂的项目，项目负责人只要将项目分解成一个个子项目，逐个击破，最终会完成整个项目。

- 取经团队有绩效考核体系，紧箍咒类似团队中的管理制度，能够约束团队成员的行为。而取经后修成正果是对项目组成员最关键的激励。

项目是企业价值创造的最小单元，是企业发展的基石，是团队协作的桥梁，能赋予企业最大的利润价值。只有经营好每一个项目，管理好每一个项目，企业才能破浪前行，在商海中立于不败之地。

第三节
项目型组织及经营责任的建立

既然项目管理对于企业如此重要，那么企业应该如何从 0 到 1 构建一个成功的项目组，并做好项目管理呢？[一]

[一] 本节部分内容引自《华为是如何从 0 到 1 打造以项目为中心运作的项目管理体系的？》，作者为 CSDN 博主 Greenrad。

华为创建的分析、规划、建立、实施、移交和关闭项目管理六阶段方法论，通过一系列政策、标准和规定统一项目管理语言，建设项目管理流程体系，从 0 到 1 建立起了"以项目为中心"的管理体系。

华为"以项目为中心"的管理体系建设主要包含五个方面，如图 6-3 所示。

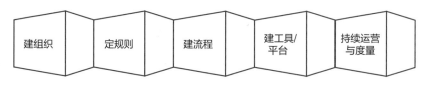

| 建组织 | 定规则 | 建流程 | 建工具/平台 | 持续运营与度量 |

图 6-3　华为"以项目为中心"的管理体系建设

一、建组织

为了发挥项目管理在企业管理中的作用，真正实现"以项目为中心"的运作，华为大刀阔斧地进行组织结构调整，打破传统的功能型组织结构，从弱矩阵向强矩阵转变，建设项目型组织。

华为在"以项目为中心"转变初期，在公司层面设立了项目管理专委会，同时成立项目管理能力中心（Project Managment Center Of Expertise，简称 PM COE）作为公司级项目管理办公室（Project Management Office，简称 PMO），统筹管理公司的项目管理政策、规则、流程、工具等，并在公司内部进行项目管理文化建设和项目管理能力提升。除此之外，华为还设立了不同领域层面的项目管理能力中心或项目管理办公室，承接公司层面的政策和要求，依据各领域的业务和项目管理特色进行适配、解释，并监督执行。由此，华为确定了一个明确的、层次分明的项目管理组织结构，便于后续具体工作的落实和持续改进。

在项目层面的组织运作上，华为对项目型组织结构做出了明确规定，比如必须围绕项目进行建设和调整，每个项目必须有人力合作伙伴（Human Resource Business Partner，简称 HRBP），达到一定规模的项目必须有独立的人力合作伙伴。华为在项目层面制定了一系列要求并监督落实。

项目型组织必须有正式的任命，并在立项审批时有明确的目标、范围、价值，明确项目的目标、授权、激励等机制，明确项目组人员的选拔、任命、评价和发展。

二、定规则

规则主要用来统一语言、规范运作。华为主要从项目管理通用原则、项目经营、项目资源、项目预算和项目型组织五个方面加强"以项目为中心"的运作，颁布了一系列公司政策、公司标准和业务规定。

这些规则包括华为公司项目、项目群定义、华为公司项目分类标准、华为公司项目等级标准、华为公司项目基本信息定义和构成、项目经营管理政策、项目概算管理规则、项目预算管理规则、资源买卖规则、技能管理指导白皮书、项目型组织人力资源管理规定、项目管理任职标准等。

华为在不否认各领域业务差异性的同时，在项目管理的认知和语言上进行了大范围统一，为跨领域的项目管理沟通、协作、互助提供了土壤。

三、建流程

流程一直是华为建立现代化管理体系的重中之重。在建立无生命的管理体系过程中，流程是最重要的载体。项目管理体系也是一个无生命的管理体系，建流程的重要性不言而喻。

华为项目管理能力中心于 2015 年陆续发布"管理项目／项目群""管理项目组合"两个公司级的指导流程来规范华为的项目管理，定义了华为项目管理的六个标准阶段，如图 6-4 所示。

| 分析 | 规划 | 建立 | 实施 | 移交 | 关闭 |

图 6-4 华为项目管理的六个标准阶段

华为在"以项目为中心"的运作过程中，明确了项目管理与其他业务（如财经、供应、人力资源等）流程和模块的集成调用关系，并在这六个阶段依据华为的实际情况共计设置了 45 个标准动作供各领域直接调用。

至此，华为项目管理将公司战略、项目组合管理、项目执行落地以及周边的数据和系统支撑结合起来，实现了从战略到执行的全业务价值流贯通。

2017 年，华为项目管理能力中心牵头梳理了各大领域的项目管理流程，以项目视角将所有相关流程中与项目管理相关的动作汇聚到项目各阶段中，形成了"以项目为中心"的集成流程，清晰地凸显了项目管理的价值。

四、建工具 / 平台

在华为这样一个庞大的企业中，想要使流程落地，通过 IT 工具和平台进行标准化、模块化的设计必不可少。

2015 年，华为项目管理能力中心牵头成立变革项目组，着手打造华为简单的、高效的、支撑"以项目为中心"运作的项目管理通用作战平台。

华为将项目管理与业务进行适度解耦、重构，到 2018 年年初已经完成了目标管理、任务管理、计划管理、项目分析等通用化、标准化、云化的项目管理通用服务模块，供各领域项目管理系统调用和集成。同时，华为建立了项目经营管理平台，包括项目概算、预算制定、审批、授予、监控、核算、预测、变更等都可以在系统中完成。

五、持续运营与度量

明确了"以项目为中心"转变，给出了明确的方案后，公司 PMO 还必须确保变革成果得到有效落地并持续改进。因此，公司 PMO 选定关键模块进行持续度量和运营非常重要。

华为借鉴了业界先进的项目管理相关的度量方法，制定了一套针对华为"以项目为中心"转变进展度量的问卷和标准，进行了持续度量和改进。

华为"以项目为中心"的管理体系建设，使项目经营有了明确的责任主体。公司的利润和客户满意度均是基于项目维度承载和实现的，而且公司基于项目经营结果进行人员绩效考核和激励，使项目成为真正意义上公司最小的经营单元。

第四节
"项目四算"促进及时、准确、优质、低成本交付

从 2010 年开始，华为不再只是单纯地追求规模发展，而是追求规模和利润并重。因此，各销售组织需要转变为一个个完整的经营单位，保证在一线呼唤炮火的同时，还能承担起呼唤炮火的成本责任。

华为这些年逐步在进行"以功能为中心"向"以项目为中心"转变的组织变革。这一变革的基础是加快推进集成财经变革与 IPD、LTC 业务流的融合，拉通"项目四算"（项目概算、项目预算、项目核算、项目决算），并通过项目组配置 CFO 做厚"铁三角"。

项目层面的经营解决方案，是一套在项目层面拉通人、财、事的运作机制，有一整套的政策、决策机制、授权机制、考核激励指标和监控指标。要想强化项目的经营管理，企业要从销售阶段设计项目盈利，项目盈利达到企业要求才能签订合同，在交付阶段通过基于项目预算的"Buy&Sell"（资源买卖）和基于项目的激励机制，实现项目组织的责权利对等。让员工看到直接的利益，项目多盈利就多分钱。项目利益和项目经营团队及员工的利益直接挂钩，这样项目经营才能真正落到实处。

项目概算、项目预算、项目核算、项目决算是项目经营管理中的关键活动。项目概算是设计项目利润的过程；项目预算和项目核算是管理增收节支的

过程；项目决算是传承经验的过程。项目四算的核心是企业要从业务发生
单元（项目）来看经营，以支持一线在成本清晰可视的情况下呼唤炮火，
提升系统部作战、盈利能力，支撑系统部、区域、产业的经营管理。

下面我们从项目四算来探究企业里的项目经营是如何开展的，如图 6-5
所示。

图 6-5　项目经营的四个阶段

一、项目概算——支撑销售决策，把控经营风险

在项目经营中有一个说法：合同 70% 的盈利是在售前阶段决定的。这
说明售前阶段的项目经营动作非常重要。

华为的销售流程是典型的解决方案销售流程，项目运作周期长，解决
方案复杂，客户决策复杂。整个项目从客户确定采购意向后，形成明确的
线索，经过线索的培育和引导，客户内部确立预算，华为才可以启动项目
立项工作。

在立项环节，项目财务人员（这个时候可能还没指定明确的项目财务
人员，由客户系统部 CFO 兼任）收集客户财经信息，具体财经信息包括：

- 国家宏观环境（人口、汇率、通货膨胀、债务、GDP 等）。
- 电信市场情况（包括电信技术区域、市场规模、投资规模等）。
- 客户业务数据（包括客户市场份额、客户供应商格局、股东架构、
  业务发展方向、战略等）。
- 客户财务数据（客户财报三张表、第三方财务分析、金融机构数据等）。

- 华为和客户历史交易情况（历史签订合同情况、交易价格和条款、履约数据、收入回款发货数据、友商交易情况等）。

根据如上信息，项目财务人员分析客户价值，识别客户风险和机会，输出立项的交易策略及建议，支撑立项决策。输出的具体交易策略主要是客户信用情况、可能的交易模式、潜在的融资需求。项目财务人员要针对商业模式、融资、付款、外汇、税务等财经条款给出建议。

当立项完成后，项目财务人员还需要协助项目组引导标书条款，争取有利条件。当客户下发标书，开始进入投标环节时，项目财务人员要通读投标文件，充分解读标书信息和客户需求，对于不清晰的条款需要及时与客户澄清。项目财务人员要综合项目组整体投标策略、客户与项目经营诉求以及公司财经条款签约要求，制订包括付款方案、融资方案、税务方案、保函方案、信用方案、外汇方案、保险方案等在内的财经解决方案。

在制订财经解决方案的过程中，项目财务人员需要与公司各专业财经部门沟通，识别财经风险，获得专业评审意见。对于重大财经风险，如果专业部门和项目组无法达成一致，项目财务人员需要根据授权申请公司各级决策。

针对标书不清晰以及制订解决方案过程中的假设，项目财务人员需要记录到项目假设清单。财经风险的定性部分要形成对应的风险评审意见；对于定量部分，要进行风险量化，形成项目概算表的风险费用。

当所有方案和报价基本完成后，项目财务人员需要组织项目组对项目的收入、各项成本费用进行估算，完成项目概算表。在合同决策前，项目财务人员要提交项目概算表、项目假设清单、项目风险评估及量化建议给财经解决方案评审人和CFO评审，最后会同财经解决方案和评审意见一起给销售决策团队进行决策。

项目概算表、项目假设清单、项目风险量化及解决措施、财经解决方案评审决策意见俗称"项目概算四件套"，是项目财务在概算阶段的关键输出件。合同评审决策机制、销售授权和行权机制、项目概算等是销售阶段最主要的项目经营手段。

　　在销售阶段，项目财务人员除了承担具体的财经解决方案制订、项目概算输出、评审决策等工作，还需要在客户界面与客户进行沟通和谈判，落地这些财经方案，引导签订对公司有利的合同。

二、项目预算——签署经营目标，授权管理

　　合同的签订为项目的成功交付打下了一个良好的基础，但项目财务人员在交付阶段不仅要管控好销售阶段已经识别的假设和风险，将销售阶段设计好的合同执行到位，还需要在此基础上进一步优化，提升项目盈利。

　　项目经营的前提是要有严肃的项目预算，并且项目预算要与概算拉通，只有项目团队按照预算交付，基于契约的执行才能够真正得到落实。项目预算决定项目团队可以花多少钱，项目团队在此基础上通过提高效率、降低成本等措施改善项目盈利。降低的成本部分可以拿出一部分给项目团队做利益分享。这样，项目团队会非常重视项目经营和项目预算，从而为公司创造更多的价值。

　　项目预算有三个关键原则：一是预算继承概算的盈利要求；二是预算要算，变更要批，无授予不能交付；三是资源通过买卖方式结算进项目。

　　华为销售项目组和交付项目组虽然分开任命，但项目的经营责任从销售阶段到交付阶段是打通的。销售项目组在立项阶段就要承诺项目的经营目标，在投标、合同签订的全过程要落实公司对项目经营目标的要求。

　　交付项目组启动预算工作时，要继承概算阶段设定的经营目标，将概算按预算口径转化为项目初始预算，并继承项目概算阶段的假设清单、风险量化和解决措施、评审和决策意见，再根据交付项目组制订的项目详细业务计划形成项目详细预算。

　　项目详细预算原则上不能和初始预算有差异，如果项目详细预算劣于初始预算，则说明项目背离了概算阶段制定的经营目标，需要根据偏差金额提交相应层级的决策团队进行决策，项目组还要说明偏差原因。项目预

算审批后，预算目标形成项目组经营责任书，由项目经理签字承诺，作为项目考核评价激励的基础。

一般来说，项目经营目标包括达标目标和挑战目标，不同的目标对应的激励是不一样的。对于跨年的项目，原则上项目预算还要分年度制定。同时，项目财务人员需要协助项目经理完成项目的核算规则、项目的经营管控等规则梳理，形成项目经营规则，发布给项目组使用。

完整的项目预算包括项目详细计划和预算、预算执行及风险应对计划、概预算差异分析、项目经营规则等部分。

三、项目核算——经营目标落地管控

经营目标落地管控阶段包括项目授予、项目核算、项目预测、项目经营分析、预算变更、风险和假设跟踪等动作。

项目预算制定好后，项目财务人员要协助项目经理进一步将项目预算分季度、分科目、分区域等在项目组内部进一步细分授予，便于项目组内部对整体预算的管控。比如，采购费用授予到项目采购经理管控，行政差旅费用授予项目 HR 或行政管控，工时费用授予项目经理直接管控等。

项目财务人员每个月要出一版项目经营分析报告，报告中包括项目核算和项目预测数据。项目核算数据由公司财务部门每个月统一提供，它是衡量项目经营目标完成情况的标尺。项目财务人员根据项目核算数据，对照项目计划和预测，分析项目经营计划的执行情况，比如该收回来的收入有没有及时收回来，该确认的费用和成本有没有及时进行确认，费用和成本确认的节奏是不是和收入匹配，项目预算有没有超支和使用不当，项目核算数据有没有不准确、不清晰等。

同时，项目财务人员还要组织项目组刷新项目计划和预测，客观判断项目未来的财务经营结果，为项目预算授予、经营分析提供财务依据。有了核算和最新的预测数据，项目财务人员就要进一步围绕公司、客户、伙伴的关注焦点，根据业务实际情况和对未来合理的预期，分析项目经营绩效、识别风险和差距，并根据这些分析形成解决方案和建议。

在每个月的项目经营分析会上，项目财务人员要对经营分析报告的内容进行汇报，并组织与会者对项目经营的问题和风险进行讨论，对解决方案和建议进行评审，最终形成决策意见，落实在下一阶段的项目计划中。

项目经营分析是了解项目进展、检查项目质量、掌握项目绩效的温度计，是揭示项目风险、预测未来走向的晴雨表，是指出项目问题症结并给出解决方案的诊断书。项目经营分析会开完后，项目财务人员要跟踪项目经营决策意见的落实，不断推动项目经营目标形成闭环。

在项目执行过程中，预算作为项目经营目标，是一件很严肃的事情，原则上，预算一经确定，就要严格执行，不允许修改，不允许超预算使用。为了避免项目预算超支，如果确实有需要，项目组需要及时向公司申请预算变更。预算变更完成后，项目财务人员要刷新项目经营系统的预算目标，并重新进行预算授予。

四、项目决算——经验总结闭环管理

在达到决算条件后，项目组基于最后一次核算数据编制项目决算报告以评价项目最终经营绩效、释放人财物资源、刷新国家基线、总结经验教训。项目决算是项目关闭的重要组成部分。对于跨年的项目，项目财务人员可以分年度进行决算。

项目决算的条件一般包括收入确认阈值、成本确认阈值、开票触发阈值、回款阈值、交付进展阈值和保函释放阈值等。项目决算报告包括项目经营绩效、收入回款总结、成本盈利总结、业务量总结、基线刷新建议、风险假设回顾、经验总结等。

决算一般应用于项目编码关闭、项目组考核激励、项目成员考核激励、供其他交付项目借鉴以及销售机会点的挖掘等。项目决算是对项目经营管理全过程进行闭环，是项目激励的重要基础。

项目经营如同航行的船只，而概算、预算、核算和决算是舵手驾驶船只的四个指南针，引领企业在波涛汹涌的市场中稳健前行。项目四算是企业做好项目经营的重要保障，也是企业实现价值的重要工具。

第五节
资源买卖与结算使资源配置价值最大化

在项目经营的过程中，华为发现在资源买卖和结算机制未建立之前，大量资源在资源部门或部分项目上闲置，而某些重要项目却得不到急需的资源，资源配置不合理，资源的费率无法优化。为了解决这一问题，华为构建了资源买卖和结算机制，资源部门拥有的资源统一上架，明码标价，成为项目组呼唤资源部门提供资源和服务的方式。项目组可以呼唤炮火，但炮火是有成本的。因此，项目组要为呼唤的资源成本承担责任。

华为对资源部门的考核有一个硬性要求：资源部门的资源被调用率必须达到85%以上。也就是说，资源部门的资源一旦闲置，资源部门不仅要自己承担成本，而且也无法完成考核指标。因此，在华为经常会碰到这种情况，资源部门天天跟各区域推销他们的专家，希望把专家"卖"出去，"卖"个好价钱。项目组则非常挑剔，精打细算，能够用普通专家的绝不用高级别专家，因为高级别专家的价格比较贵。

华为的资源买卖和结算机制在很大程度上解决了项目组"有钱没资源"和资源中心"有资源没钱"的难题，使企业资源配置更灵活，资源分配价值最大化。

资源买卖和结算机制对华为的项目经营至少有以下四大作用。

- 促进资源部门（含功能部门）定位转变。资源部门通过向项目组提供服务获取预算，并持续提供有竞争力（质优价廉）的专业资源和服务。
- 促进员工的工作态度转变，激发了员工的工作积极性。员工从项目中挣"工分"（工时），通过工分兑换报酬，并不断提升自身的专业水平。

- 促进项目经理的经营方式转变。项目经理基于预算购买资源，完成
  项目目标，并从项目的经营结果中分享收益。项目经理通过资源买
  卖机制，实现了对员工技能的合理调度，使合适的技能出现在合适
  的时间和地点，在交付项目组与资源部门（含员工）的互锁中提升
  组织和员工的自驱力。

- 提升资源配置效率。项目是基本经营单元，资源需尽可能多地投入
  到项目中，才能充分发挥资源的价值，即引导资源进项目。但项目
  组要提高资源计划的准确性，避免浪费成本。项目组预算有限，资
  源中心要提升资源利用率，使资源投入到更多 / 更盈利的项目中，即
  引导资源高周转，资源部门要对整个资源计划和资源统筹负责任。

企业需要注意的是，基于项目经营结果的利益分享机制也是项目经营的一个重要规则。举个例子，工程项目往往存在浪费物料的情况，项目结束后，一般会剩一些尾料，项目尾料如何再利用也是个问题。有些项目组成员偷偷地变卖这些物料获利。为了更好地节约物料成本，华为在保证客户满意度的前提下，对项目组通过成本节约贡献的利润进行利益分享，进而促进项目组主动自觉地节约物料，合法合理地获取利益。

另外，因为有了项目利益分享机制，每一笔花出去的钱都和项目组成员有关。因此，在自有资源的使用上，项目组会更注重审视计划性和必要性，重视资源使用效率。

在分包采购和使用上，项目组会更加明确地划分分包界面，对支付了分包费又投入的资源会要求分包商进行结算。同时，项目组会认真开展分包业务量、分包成本的核定、核算工作，避免分包界面的成本多算和错算。在业务运作上，项目组会更加务实，更加贴近客户、业务需求，更关注业务模式、服务技术的创新与使用，促进端到端的业务协同效率和交付工具使用的人员效率。

做项目，就是做经营。企业要通过做好一个个项目来实现企业整体的经营目标。

第七章

确保投资决策
的效益和效率：
在研发领域支撑
价值创造

第一节

IPD，华为从偶然成功到持续成功的密码

华为是一家高科技企业，每年需要投入大量的人力和物力进行新技术、新产品的研发。1999 年之前，华为的产品研发依靠的是"个人英雄"，产品获得成功具有一定的偶然性。

华为轮值董事长郭平在华为管理体系建设的最高荣誉奖——"蓝血十杰"颁奖大会上的致辞中提到："我刚进公司做研发的时候，华为既没有严格的产品工程概念，也没有科学的流程和制度，一个项目能否取得成功，主要靠项目经理和运气。我负责的第一个项目是 HJD48，运气不错，为公司挣了些钱。但随后的局用机就没那么幸运了，亏了。再后来的 C&C08 交换机和 EAST8000 又重复了和前两个项目同样的故事：C&C08 非常成功，同期的 EAST8000 却被归罪于名字取得不好，成了'易死的 8000'。"

郭平提到的这段历史是华为没有引入 IPD 流程管理体系之前的常态。那时的华为，一方面产品故障率居高不下；另一方面销售人员为了获得订单，无限度地答应客户提出的需求，之后向研发人员施压，使产品开发的决策陷入"会哭的孩子有奶吃"的状况。多数项目交货延期，质量没有保障，售后服务压力大，成为当时的华为急需解决的难题。

正是看到了这种偶然的成功和个人英雄主义会给企业的发展带来不确定性，1999 年，华为决定引入 IBM 的产品开发管理体系，开始 IPD 流程管理体系的变革和建设。华为的 IPD 流程管理体系的变革和建设经历了削足适履的痛苦，最终实现了从偶然的成功或个人英雄主义推出成功产品，

到制度化、可持续地推出满足客户需求、有市场竞争力的成功产品的转变。

一、IPD 的六个阶段和两种评审方式

IPD 流程管理体系是一种领先的、成熟的产品开发管理思想和管理模式，是根据大量成功产品的开发管理实践总结出来，并被大量实践证明的高效的产品开发模式，如图 7-1 所示。IPD 流程管理体系变革的核心是要形成由市场行销、研发系统、生产制造、服务交付、财务管理、采购供应等部门人员组成的贯穿整个产品开发业务流程的管理模式，即从客户需求、概念形成、产品研究开发、产品发布等环节，一直到产品生命周期管理的完整过程。

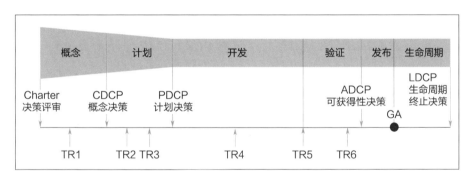

图 7-1　IPD 流程

（一）IPD 的六个阶段

如图 7-1 所示，IPD 流程将产品开发流程分为六个阶段，分别为概念阶段、计划阶段、开发阶段、验证阶段、发布阶段和生命周期阶段。

概念阶段：产品开发团队（Product Development Team，简称 PDT）根据项目任务书，对市场机会、需求、技术和生产方法 / 风险、成本 / 进度和财务影响进行评估预测，市场、产品管理、研发之间就产品需求和开发方向 / 目标达成一致。

计划阶段：PDT 对产品包进行明确的定义，包括对成本、质量、销量、

收入、产品发布日期的承诺，制订详细开发计划。

开发阶段：PDT 对执行计划阶段评审通过的产品制订详细开发计划。

验证阶段：PDT 完成测试、验证产品、发布最终的规格和相关文件，为产品上市做准备。

发布阶段：为产品量产做准备，制订最终的盈亏计划。

生命周期阶段：一般可获得性（General Available，简称 GA）开始后，产品生命周期内对产品进行营销 / 销售、生产及服务，一直到产品生命周期结束的过程管理活动。这一阶段与销售、生产和服务管理相关的活动由生命周期管理团队（Life-cycle Management Team，简称 LMT）负责。当所有与停止服务及支持相关的活动都完成时，生命周期阶段即可结束。

IPD 流程管理体系采用团队评审的方式来验收每个阶段的产品开发情况，并决定是否进入下一个阶段。IPD 流程的评审方式分为两种：投资决策评审点（Decision Check Point，简称 DCP）和技术评审点（Technical Review，简称 TR）。

（二）评审方式之一：DCP

DCP 是关于投资、资源和业务的决策。评审人员会在产品开发过程中设置若干个评审点，由高层决策团队（Integrated Portfolio Management Team，简称 IPMT）进行审视决策，确保企业综合效益最大化。

DCP 一般有五个关键决策评审点，分别是商业计划书（Charter）、概念决策评审点（Concept Decision Check Point，简称 CDCP）、计划决策评审点（Plan Decision Check Point，简称 PDCP）、可获得性决策评审点（Availability Decision Check Point，简称 ADCP）和生命周期终止决策评审点（Life-cycle Decision Check Point，简称 LDCP）。这五个关键决策评审点都是综合评审，由 IPMT 来实施。

Charter 为商业计划书，又称为任务书，是由 PDT 向 IPMT 说明产品或解决方案的机会和投资收益的商业计划。IPMT 通过 Charter 评审来确定商业计划的合理性，以及产品或解决方案是否可以进入下一个阶段的产品概念设计开发。

Charter 评审的核心是回答以下六个问题：

- Why——为什么要做这个产品。
- What——做的产品是什么。
- Who——谁来做。
- When——什么时间做到什么程度。
- How——怎么做。
- How much——要投入多少钱。

CDCP 是产品概念决策评审点，由 PDT 正式向 IPMT 报告初始的业务计划，由 IPMT 决定项目是继续还是终止。CDCP 通过意味着同意计划阶段的资源投入。CDCP 评审通过后，相关人员会对产品架构与系统等进行概要设计。

PDCP 为计划决策评审点，由 PDT 向 IPMT 展示最终的业务计划和决策合同，再由 IPMT 做出继续或终止的决策。业务计划获得批准，则新产品项目进入详细开发阶段。通过这一评审后，相关人员会对产品进行详细设计。

ADCP 为可获得性决策评审点，是产品发布前的最后评审阶段。产品经过详细设计、原型机开发、功能模块测试和系统测试后，会进入 ADCP，决定是否正式发布此产品。可获得性决策评审通过，意味着同意 PDT 发布阶段的资源投入，产品可以进行发布和 GA，GA 意味着产品可以大批量交付给客户。

LDCP 是指在产品生命周期结束时进行生命周期终止决策评审。产品开发团队或 LMT 向 IPMT 提交产品停止销售、生产、服务的时间表建议，由 IPMT 做出是继续还是终止的决策。

（三）评审方式之二：TR

TR 是用于检查开发实施到一定阶段以后产品的技术成熟度，发现遗留的技术问题，评估存在的技术风险。TR 的重点是产品的可实现性。TR 由技术专家对设计成果进行专业评审，对输出的工作产品进行技术检查、评估，给出技术上的操作建议。

TR 评审分为六个技术评审点，分别为 TR1、TR2、TR3、TR4、TR5 和 TR6 评审，如下所述。

- TR1 主要评审产品需求和概念设计的可行性。
- TR2 主要评审产品的架构设计和系统设计的可行性。
- TR3 主要评审产品概要设计的可行性。
- TR4 主要评审产品详细设计和模块测试可行性。
- TR5 主要评审产品是否经过系统测试和外部测试。
- TR6 主要评审产品的实验结果和制造的可行性。

一般 TR6 评审通过后，产品就可以正式对外发布。

二、IPD 解决了产品开发流程中的四大难题

华为推行 IPD 流程管理体系三年之后，产品开发流程得到了显著改善。高端产品上市的时间从原来的 70 个月减少至 20 个月，中端产品上市的时间从原来的 50 个月减少至 10 个月，低端产品上市的时间少于 6 个月。

华为的产品开发流程之所以得到了如此显著的改善，是因为 IPD 流程的推行解决了产品开发过程中的四大难题。

（一）改变了产品开发的方式

华为实施 IPD 流程管理体系变革后，使产品开发的方式由原来的"并行模式"转变为"串行模式"。产品开发的相关人员在决定是否开发新产品时，会优先考虑到技术的先进性、客户需求的满足度、产品的可制造性、原料的可采购性和可服务性等。IPD 流程管理体系里的产品的模块化开发使产品可拆分、可重构，使一个产品的开发技术或平台可以被所有产品直

接采用。

（二）由市场驱动产品研发

华为的 IPD 流程管理体系建立了基于市场和客户需求驱动的集成产品开发流程，通过理解客户需求，找到真正的核心客户，明确产品的应用场景和痛点，企业可以更有效地管理产品开发和新产品，加快对市场的反应速度，达到缩短开发周期、减少报废项目、减少开发成本、减少对资源的浪费，以及提高产品的稳定性、可生产性、可维护性的目的。

（三）把产品开发当作投资管理

IPD 流程管理体系促使华为的技术开发和产品开发进行分离。研发团队的任务是通过不同产品上市尽快获得利润，尽快实现盈亏平衡，在产品生命周期内实现价值最大化。从企业经营的角度来看，这是一个非常大的变化，意味着企业用投资回报来衡量产品开发效果，产品开发从闭门研究走向以商业成功为导向，PDT 经理从总工程师向工程商人转变，价值创造这一理念在研发领域生根落地。这一点也将在本章第二小节详细展开论述。

（四）以体系来保证质量和成本优势

IPD 流程管理体系提供了一套标准化的工作流程和模板，从而降低协调成本，保证有效沟通，大大降低了企业的管理难度。作为一个跨部门的集成流程，只有规则和能力构筑在流程上，管理思想才能真正落地，变革成果才能真正生根发芽。如果说 IPD 体系让产品开发的成功从偶然变成了必然，那么，标准化的工作流程和模板则让变革的成功从偶然变成了必然。

华为通过 IPD 流程管理体系变革，重塑了企业的价值创造过程，使产品开发更加关注市场竞争的需要，建立起了规范化、结构化的产品开发过程。华为通过改善过程管理，采用合适的 IT 工具和系统，逐步建立了完善的文档与产品数据管理模式，使整个产品开发过程更加高效。

华为的 IPD 流程管理变革于 1998 年启动，1999 年正式引入 IBM 咨询顾问，2001 年 7 月开始导入试点项目。在 IBM 顾问的指导下，华为在项目实践的基础上，按照先僵化、再固化、后优化的方针，持续对业务体系进行变革和优化。

IPD 流程管理让华为在产品研发时基于流程而不再依赖个体，把个人能力转化成了组织能力。产品开发也不再仅仅是研发部门的工作，而是全企业的集体协作。通过 IPD 流程管理，华为建立了一套能够持续开发高质量产品的管理体系，之后又经过 20 年的时间，让 IPD 成了一个能够自我优化和迭代的有生命的机制。这个机制推动着华为从偶然的成功不断走向持续的成功。

第二节
产品开发的本质是一种投资，是为了商业变现

"研究是将金钱变成知识的过程，开发则是将知识转换成金钱的过程。成功的标志是优质的客户体验，以及产品竞争力。因此，技术只是手段，对准客户需求，仅仅追随支持体验与服务，实现商业变现。"任正非在《IPD 的本质是从机会到商业变现》的讲话中，道出了 IPD 流程管理的本质。

IPD 流程管理最大的特点是把产品开发当作投资管理，通过产品上市尽快盈利，从而实现盈亏平衡，在产品生命周期内实现价值最大化。如果从商业角度来看产品开发项目，财务是非常重要的一环。财务在一项目中，要思考的是如何与整个 IPD 流程相配合，以及如何衡量项目的成本与效益。产品开发团队要投资项目，财务必须知道可以投资多少。通俗地讲，财务要知道今天企业的财务能力可以支撑多少个产品开发项目，以及如何从商业的角度去评价产品开发项目。

华为尤其重视技术研发，在 2022 年年报中公布了华为投资控股近十年研发投入，如图 7-2 所示。华为每年在研发投入收入占比不低于 10%。从

2013 年开始，华为的研发费用率一直保持增长趋势。2022 年，华为在面临巨大经营压力的情况下，研发费用达到了史无前例的 25.1%。近十年来，华为已累计投入的研发费用近万亿元。

图 7-2　华为投资控股近十年的研发投入

华为如此大规模的研发投入虽然挤占了当期的盈利空间，却为未来持续不断的商业变现打下了基础。如何用好这笔研发费用，使今天的费用变成未来的收益，成为华为产品财经的重要职责。

华为将产品的研发投入视为投资行为。市场需求与机会是无限的，而资金和资源是有限的，因此投资要看回报。产品研发投资管理的内容如下所述。

- 基于投资结果要确定目标。
- 基于投资目标和其中的不确定性以及资源的约束，回答投资什么、投资多少、能不能投资、怎么投资、按什么节奏投资、回报要求、如何评价和激励等问题。

在产品研发投资管理的过程中，财经组织的主要价值有三点：一是围绕产品线的 SP 和 BP，以未来的商业成功为目的，闭环管理投资承诺和做好资源分配；二是管理投资风险和投资结果的不确定性，确保投资合理高效；三是做好投资承诺管理、投资假设管理、投资结果管理，并根据所处的不同生命周期阶段，匹配差异化的投资管理策略与改进措施，运用客观的财务数据来衡量评估其投资过程中的效益和效率。

下面，我具体分享一下财经组织做好产品研发投资管理的核心、工具和要素。

一、产品投资组合管理是企业战略在研发领域的落地

对于产品研发投资管理，财务部门首先要明确投资决策管理的对象。投资决策管理的对象一般包括产品组合或产业、产品、单板或模板、软件特性等。所有的研发投资决策、研发四算、考核、评价、投资回溯等，都将围绕投资决策管理对象展开。其次，财务部门要明确产品的定位，如主航道或战略产品、新产业或新机会点、规模销售产品、退市产品等。

华为轮值董事长徐直军在 2022 年年报发布会上提到，华为不断优化产业组合，现在已经形成由 ICT 基础设施、终端、华为云、数字能源和智能汽车解决方案等面向客户的产业组合，以及由 2012 实验室、海思作为后盾的技术支撑平台。这些产业中，既有传统的优势产业，也有开创型的产业；既有稳定发展的产业，也有快速成长的产业；既有依赖先进工艺的产业，也有不依赖先进工艺的产业；既有硬件主导型产业，也有软件主导型产业。无论从产业结构看，还是从未来发展空间看，我们已经构筑了一个有强大韧性的产业组合，从而为公司的持续生存和发展奠定了坚实的基础。从这段话不难看出，华为在解决方案竞争力上的优势与构筑了完善的产品组合有很大的关系。

IPD 流程管理强调对产品开发进行有效的投资组合分析。企业如何正确评价和决定是否要开发一个新产品，以及正确地决定对各个新产品的资金分配额，需要测定新产品的投资回报率。企业只有明确投资回报率的各种静态、动态的决定因素和计算方法，才能对产品战略做出正确的判断和

决策，进而确定产品开发的投资。

产品开发的钱投向哪里，如何投，取决于企业的战略。因为研发一般不能在当年变现，一定要围绕企业中长期的战略和业务规划来投入。比如，企业为了三年后跻身某个领域的前三名，五年后成为第一名，从现在开始就要投入研发，构建能力，这样才能在三年后、五年后获得领先优势。因此，产品投资组合管理是围绕 DSTE 流程开展的，是 SP 和 BP 的一部分。

投资规划的输出节奏要匹配公司的 SP 制订计划，并承接产品线的经营目标。投资规划获得公司投资决策委员会审批后，导入并形成第二年的商业计划，也就是产品线的投资预算。产品投资预算需要和产品线的市场洞察、业务计划和投资组合策略匹配，并和区域、客户维度的产品预算互锁，最终经投资决策委员会批准发布后，产品投资预算作为产品线的经营预算目标纳入产品线的组织 KPI 和产品线总裁的个人 KPI 进行管理。

产品线组织对年度产品组合预算进行管理，并在产品线组织内部将预算分配给不同的产品和具体的研发项目。在过程中，财经组织要开展滚动预测，进行例行财务审视与经营分析，识别产品投资预算执行过程中的风险，推动目标的达成。

投资组合分析贯穿整个产品生命周期，在产品开发的各个阶段，通过各 DCP 来决定项目是继续、暂停、终止还是改变方向，从而最大限度地减少资源浪费，避免后续资源的无谓投入。

二、产品研发投资管理的三大工具

企业要做好产品研发投资管理，正确地决定资金投入对策，首先必须研究产品结构、各种产品的投入、产出、利润与市场占有率、市场成长率的关系，然后才能决定对众多产品如何进行资金分配。在这里，我介绍三个应用比较广泛的产业投资组合管理工具。

（一）GE 矩阵

GE 矩阵法又称通用电气公司法，是美国通用电气公司于 19 世纪 70 年代开发的投资组合分析方法，对企业多个业务单元或产品进行资源配置具有重要的价值和意义，如图 7-3 所示。

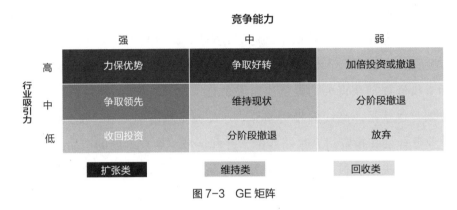

图 7-3　GE 矩阵

从 GE 矩阵中我们可以看到，对于行业吸引力高、竞争力强的产品，要加大投资，力保优势，追求绝对领先；对于行业吸引力低、竞争力弱的产品，则要放弃和撤退，避免损失；对于行业吸引力和竞争力都属于中等的产品，则可以维持现状；针对其他产品，可以根据情况选择加大投资、维持现状或逐步退出等。

其中，GE 矩阵中的行业吸引力包括战略相关性、产业门槛、市场空间、销售额增长率、市场占有率、投资回报率等，竞争能力包括市场竞争能力 / 优势、利润高低等。

华为曾应用 GE 矩阵将产业细分为优势产业、追赶型产业、开创型产业和其他产业。比如，华为曾将无线 RAN、核心网、接入网等产业列为优势产业，将数通、存储等产业列为追赶型产业。

对于优势产业，华为维持一定的投资强度，持续保持领先优势；对于追赶型行业，华为保持持续稳定的投入，确保份额提升，规模增长，追赶领先水平；对于开创型产业，华为则是构筑差异化竞争力和优势，打造出具有竞争力的产品和能力；对于竞争激烈、没有优势的其他产业，华为则根据情况维持现状或逐步退出。

143

（二）波士顿矩阵

波士顿矩阵是用于决定产品结构的分析工具，是非常实用的市场分析方法之一。波士顿矩阵由美国大型商业咨询公司——波士顿咨询集团提出的一种规划企业产品组合的策略。波士顿矩阵根据市场占有率和市场增长率将企业业务分为"明星业务""现金牛业务""问题业务""瘦狗业务"四大类。

"明星业务"属于市场占有率和市场增长率双高的业务，增长和获利有着极好的长期机会。对于"明星业务"，企业需要大量的投资，积极扩大经济规模和市场机会，以长远利益为目标，提高市场占有率，加强竞争地位。

"现金牛业务"属于市场占有率高，但市场增长率低的业务。对于"现金牛业务"，企业需要采取维持战略。当"现金牛业务处境"不佳的时候，企业可采用收获战略，即所投入资源以达到短期收益最大化为限。

"问题业务"属于市场增长率高，但市场占有率低的业务。"问题业务"处于最差的现金流量状态，企业应采取选择性投资战略，即首先确定对该象限中那些经过改进可能发展为"明星业务"的进行重点投资，提高市场占有率，使之转变成"明星业务"；对其他将来有希望成为"明星业务"的，企业在一段时期内采取扶持的对策；而对于影响现金流且没有改善希望的业务，则应该考虑逐步退出。

"瘦狗业务"属于市场占有率和市场增长率双低的业务，企业应采用撤退战略。首先企业应减少批量，逐渐撤退，对那些还能自我维持的业务，企业应缩小经营范围，加强内部管理；对那些市场增长率和企业市场占有率均极低的业务，企业则应立即淘汰。其次，企业要将剩余资源向其他产品转移。然后，企业要整顿产品系列，最好将"瘦狗业务"与其他事业部合并，进行统一管理。

（三）产品生命周期理论

产品生命周期理论认为一个产品是有引入期、成长期、成熟期和衰退期由盛转衰的生命周期的，如图 7-4 所示。

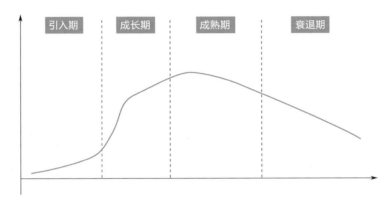

图 7-4　产品生命周期理论

处于引入期的产品，用户对产品还不了解，用户增长缓慢，产品在探索中，市场前景不明确。对于处于引入期的产品，企业的战略目标是扩大市场份额，争取成为"领头羊"，主要实现路径是投资于研究开发、技术改进方面，提高产品质量，经营风险非常高。

处于成长期的产品，用户对产品已经熟悉，用户量增长迅速，市场方向明朗，竞争者纷纷涌入。对于这一时期的产品，企业应该争取最大市场份额，主要实现路径是市场营销，此时是改变价格形象和质量形象的好时机。成长期的产品经营风险有所下降，但仍然维持在较高水平，因为竞争激烈，市场的不确定性增加。

处于成熟期的产品，用户量增长缓慢直至下降，潜在用户已经很少，市场需求趋于饱和，竞争加剧。对于成熟期的产品，企业经营战略的重点应转向在巩固市场份额的同时提高投资报酬率，主要实现路径是提高效率，降低成本。成熟期的经营风险进一步降低，达到中等水平。

处于衰退期的产品，新产品或替代品出现，用户转向其他产品，使原来的产品的用户量迅速下降。对于衰退期的产品，企业的经营战略目标是防御，获取最后的现金流；实现途径是控制成本，以求能维持正的现金流量。如果缺乏成本控制的优势，就应采用退却战略，尽早退出。

145

当企业明确了产业的价值定位和财务约束要求后，就可以确定产品研发投资管理分类要求，以及对应的财务管控策略。

- 对于处于孵化期和投入期的产品，比如区块链、元宇宙等，对财务回报不做要求，按总包分配投资金额，主要是为了风险试错，试探市场。
- 对于处于快速成长期的产品，比如智能驾驶、新能源等，财务要关注增长趋势，迅速占领技术和品牌的制高点，可保持较高的研发费用率。
- 对于处于平稳成长期和成熟期的产品，比如4G、智能手机等，财务要关注市场份额及行业地位，追求规模和累计盈利，牵引利润改进和ROI改善，研发费用率保持稳定。
- 对于处于衰退期的产品，财务要关注市场变化，利润改进，控制投入，并快速释放资源。

注：上述内容是对产品的生命周期和财务约束的分类的举例，和当前华为的实际管理方式无关。

三、产品研发投资管理四要素：方向、节奏、组合、效率

企业的财经组织要管理研发投资就是管好怎么花钱。华为数字能源公司CFO叶晓闻在《华为访谈录2》中对管理海思研发投资期间的工作经验进行了总结。

叶晓闻提到，**产品研发投资管理**就看四件事情：方向、节奏、组合、效率。

- **方向**。方向要大致正确，预研最怕的是方向错了，茫茫星空，至少得大概知道往哪个方向是在朝着火星飞，才能有机会着陆。"研"

可以犯小错误，但不能押错宝，要清楚从哪里开始演进。

- **节奏**。产品开发的项目按照 IPD 流程有明确的业务计划，但是预研早一点晚一点、快一点慢一点很有讲究，既不能领先三步拖死公司，也不能贻误战机被人颠覆。

- **组合**。投资应该是高低错落、几边都下注，既投高风险高收益的，也应该投一些低风险低收益的，最优化产品组合的本质是平衡收益和风险。

- **效率**。多角色协同，持续优化能力，对商业成功负责。

在产品研发投资管理的四要素中，预研财经应该关注方向和节奏，开发财经则关注组合和效率。

华为要求财务人员要懂业务,但如果一个财务人员只是下站点、看展厅，走马观花，那么很难看穿本质，这不是真正意义上的"懂业务"。一个好的 CFO，不仅要知道的是芯片、盒子、微波背后的商业逻辑，更要知道财经在企业里能起到的独特价值。

叶晓闻曾表示，"方向"上我可能没有发言权，但研究财报是我熟悉的领域。芯片做得好的都是上市企业，一份份财报读过来、一个个分析师观点研究透，我就能大概知道这些企业的投资方向。

提到"节奏"，叶晓闻回顾当年华为投资手机芯片时从一开始就确定要有短、中、长的投资组合。当时海思的研发投资一部分由企业支付，一部分由各个产品线支付。企业支付的钱不计回报，产品线支付钱是要支撑手机盈利的。"我们在投资上要讲究节奏和组合，短线满足性能、质量、成本要求，长远的要坚定去领先半步。"叶晓闻总结道。

海思在投入预算上也走过弯路。原来海思投入预算也和其他产品线一样，是按年度商业计划，12 月 31 日全盘清零，来年 1 月 1 日重来一遍。叶晓闻认为不能这么做。因为海思的业务分为两类：一类是战略攻关，技术驱动追求先进性，关注突破问题；一类是商业芯片，围绕客户需求做好给各个产品线的配套，对准商业价值。匹配对应的投入，战略攻关应该以 SP 来看投入预算，而不是 BP。

"要基于一个完整的商业和产品周期的节奏，找准方向后稳定地保持这个灶里面持续有柴火，不能因为短期经营业绩不好就决定把这个柴火给撤了。"于是，叶晓闻向企业 EMT 汇报，明确海思战略攻关类芯片的商业计划、预算投入逻辑，以 SP 为周期给了一笔钱，这就是战略攻关预算。另外，商业芯片要保证产品线的投入能慢慢见到收益，保证整个产出跟投入的节拍基本一致，使各个产品线愿意给海思投入，逐步实现正向循环。

经过 10 年的长周期，海思形成了良性的投资组合，学会了怎么花钱。[⊖]

第三节
财经组织对项目全生命周期的财务绩效监控

财经组织通过产品线投资预算及投资组合管理，确定了在产品线内部如何将资源配置到不同产品、不同项目，以及采用差异化的财务投资回报要求，确保产品线整体利益最大化。针对每一个具体的产品和研发项目，财经组织需要细化评估和跟踪该产品或研发项目生命周期的财务表现以及研发投入情况，审视其投资绩效是否符合承诺和预期。对于单产品 / 研发项目的财务表现，在年度 SP 或 BP 审视环节，要进行分析回溯。在月度或半年度经营分析环节，要例行审视。在研发项目的关键投资决策节点，也要整体审视产品投资绩效达成情况。

⊖　本节部分内容引自《华为访谈录 2》，田涛著，中信出版集团。

表 7-1 是某产品历史财务回报及未来三年财务预测示例，表中展示了历史版本和当前版本承诺的收入和研发费用，以及 SP 或 BP 预测以及实际完成的收入和研发费用数据，我们从表中能看到各研发版本收入和研发费用承诺与 SP 或 BP 预测以及实际数据的差异。

表 7-1　某产品历史财务回报及未来三年财务预测示例

订货/收入/销毛率/贡献利润（M）	年份						
	历史承诺达成情况			当年对BP的支撑	未来对SP的支撑		
	2020年	2021年	2022年	2023年	2024年	2025年	2026年
历史版本 1	108	120	116	112			
历史版本 2		180	190	130	200	210	
当前版本			190	195	220	240	250
SP/BP 数据				180	220	240	250
差异				15	0	−10	−10
实际完成	100	110	130	180			
差异				15			
增长率			47%	2.5%	11.3%	8.3%	4%
研发费用	1.7	1.9	2.0	2.5	3.6	4.5	5.0
研发费用率	1.7%	1.7%	1.5%	1.3%	1.6%	1.8%	2%

注：表格仅为示例，所有数据均为虚构。

通过表 7-1，我们可以看到，某产品 2025—2026 年预测收入增长率从 8.3% 下滑到 4%，可是研发费用率却还要从 1.8% 增长到 2%，这一数据合理吗？下面，我们通过三个方面来分析一下。

一、财务评审七要素

在每一个研发项目的 Charter、PDCP、ADCP 等关键投资决策点，财经组织要提供对应的研发预测数据（包括过去的核算以及未来的预测，如表 7-1 所示的某产品历史财务回报及未来三年财务预测示例），还要关注关键的七大财务评审要素。

要素一：销售收入。财经组织要结合市场分析、业务计划、竞争等因素，预测上市带来的增量收入。一般来说，财经组织应该重点关注产品上市后的四大表现：一是产品收入能否支撑产品线的 SP 和 BP 收入的达成；二是销售收入的预测是否有明确的项目清单和业务假设支撑；三是区域和系统部提供的产品销售预测是否和产品线的预测一致；四是当前的订货预测和上期的订货预测是否有变化，变化的原因是什么。

要素二：成本改进。财经组织要明确产品上市的成本改进目标、措施、执行计划和责任部门，以及成本改进的验收部门和验收方式。一般来说，财经组织应重点关注六个方面：一是成本改进的基线是否可信；二是成本改进目标是否能够支撑产品线 SP 和 BP 盈利目标的达成，是否合理；三是成本改进的关键措施和执行计划是否可行，是否经过了相关专业部门的确认；四是成本改进是否有明确的改进场景、方法、工具以及目标项目；五是如何验收成本改进目标的达成情况；六是关注外部市场变化、效率提升等对成本的影响。

要素三：产品定价和商业模式。财经组织应考虑历史定价、市场、竞争、成本 / 原材料变化等，明确产品上市的定价以及商业模式。一般来说，财经组织应重点关注四个方面：一是定价策略是否合理、可行；二是新商业模式对定价是否有影响；三是在定价时是否考虑到影响定价的相关风险因素（宏观经济、汇率、通胀等）；四是定价能否支撑产品线盈利诉求。

要素四：盈利要求。财经组织应明确产品上市后的利润率、利润额以及逐年的改善要求。一般来说，财经组织应重点关注两个方面：一是销售毛利率 / 利润率是否能够支撑产品线 SP/BP，后续会如何变化；二是盈利的改善对定价及成本改进有何诉求。

要素五：研发费用。财经组织应明确产品上市需要投入的研发费用，包括费用总额、费用类型、费用使用计划等。一般来说，财经组织应重点关注五个方面：一是研发费用是否在产品线整体费用预算总包范围内；二

是对应的产品开发计划是否匹配；三是细化的费用科目、金额、基线等是
否合理、完整；四是已使用部分的预算执行情况如何，是否有超预算使用
情况，是否有执行偏差；五是对于超出预算执行的，要评估产品投资价值，
追加投资或者释放资源。

要素六：投资回报要求（Return on Investment，简称 ROI）。除了
孵化期和投入期的产品，对于处于成长期和成熟期的产品，财经组织需要
根据投入的研发费用以及对应的收入、盈利要求，估算产品上市的 ROI。
一般来说，财经组织会用产品上市三年的贡献利润 NPV 除以研发费用的
NPV 来评估产品研发的 ROI。如果 ROI 低于 1，财经组织需要审视 ROI 低
的原因，审视产品投资价值，评估是继续投资还是缩减投资。同时，财经
组织要根据 ROI 的情况对研发项目组的绩效进行评价。

要素七：盈亏平衡点。财经组织在企业的盈亏平衡点上要考虑三个点：
一是当期利润转正的时点；二是累计利润（需要考虑贴现）转正的时点；
三是财经组织要关注达到盈亏平衡需要的周期。一般来说，三年累计利润
转正是最基本的要求。

二、案例：XX 产品投资决策 ADCP 财经评审建议

基于上面财务预测以及关注的财务评审的七大要素，财经组织需要在
各关键决策点发表专业建议，支撑产品投资决策。这里，我举一个财经投
资决策意见的例子供大家参考。

销售收入： 预计 ×× 产品未来三年收入为 ×× 万元，增长率为 X%，
收入无法支撑产品线 SP/BP 目标，导致产品线预测存在 × 万元的收入缺口，
并且增长率低于快速成长期增长要求。收入预测低于 Charter 和 PDCP 阶段
预测，主要变化原因为市场和竞争形势变化。对此，财经组织建议项目组
调整销售策略，抢占先机，快速突破市场，弥补收入缺口。

成本和盈利要求： 成本改进目标预测为 X%，无法支撑销售毛利率改

善 Y% 的目标，企业需要提升成本改进目标。另外，成本改进不仅要考虑设计降成本，还需要考虑采购降成本、交付降成本等全流程降成本措施。

定价和商业模式：定价符合产品定位和市场需求，和竞争对手相比也有一定优势。但在成本改进预测为 X% 的情况下，现有定价无法实现销售毛利率目标。对此，财经组织建议项目组提升成本改进目标，确保定价能满足盈利要求。

研发费用预测和使用：研发费用预测未超出产品线投资预算总包，但当前费用使用进度过快，已使用该版本费用预算 98%，并且存在费用使用和业务计划不匹配的违规使用情况。对此，财经组织建议项目组按照费用预算计划严格使用预算，控制节奏，不能超支。

投资回报：按照当前收入和盈利预测，投资回报 ROI 预测小于 1，投资回报低于 Charter 和 PDCP 的预测，也不具备投资价值。同时，该产品需要四年才能实现累计利润转正，投资回报周期过长。

综合结论：本开发项目收入、盈利、投资回报预测达不到预期要求，并且相对于 Charter 和 PDCP 有大幅下降，不同意项目继续投资。项目组应重新审视开发计划和上市计划，调整收入、盈利预测，再次申请决策。同时，项目组应严格按计划使用预算，不允许出现超支和违规使用情况。

相信有了这样清晰明确的建议以及对应的数据支撑，产品投资决策团队一定能做出一个高质量的投资决策。这就是财经组织在研发投资决策过程中发挥的重要价值。

三、财经组织在产品 EOX 阶段进行 LDCP 决策的作用

在这里也提一下财经组织在产品 EOX 阶段支撑 LDCP 决策的作用。EOX 指的是产品的停止销售（End Of Marketing, 简称 EOM）、停止生产（End Of Production, 简称 EOP）和停止服务（End Of Service, 简称 EOS）三个阶段。这是产品面临退市、生命周期终结的时点。

在 EOM 之前，财经组织可以从产品的财务表现、市场反馈、产品组合角度等发出 EOM 预警。在 EOX 阶段，财经组织进一步从产品的收入、盈利能力、ROI、替代产品规划、资源使用情况、产品退市的经营影响等，给出财务评估建议。当决策通过，启动 EOX 计划时，财经组织需要清理财务数据、锁定预算、关闭财务编码等，确保资源的释放和财务数据的准确，并输出对应的决算报告和投资绩效评估结论，支撑对项目的投资绩效复盘和评价。

至此，财经组织完整支持了产品开发从生到死的全过程，也完成了一个项目全周期的商业闭环。

第四节
端到端成本管理，从源头有效控制成本

华为的经营理念一直提倡"深淘滩，低作堰"。"低作堰"指企业不追求利润最大化，而是实现一定利润水平上的规模或者成长最大化。华为通过"深淘滩"的方式来"低作堰"。所谓"深淘滩"，指企业要面向内部加强管理，加强研发投入，不断挖潜改进，构建自己的核心竞争力。比如同样的价格水平，华为提供的产品或者解决方案一定最优；同样的产品和解决方案，华为的成本一定最低，价格一定最低。由此可见，成本是华为实现可持续发展，源源不断地创造价值的核心竞争力之一。

长期以来，企业的成本控制一直集中在生产阶段，然而，华为 80% 的产品成本很多情况下在产品开发设计阶段就已经被锁定了——华为的一个产品的设计成本决定了该产品的 80% 的成本。成本是设计出来的，企业要在新产品开发过程中，构建产品成本的竞争优势。如何构建呢？答案是IPD。因为 IPD 是成本管理的"主战场"。

如何通过 IPD 降低产品的生产成本，构建产品成本的竞争优势呢？

一、七种方式降成本

具体来说，华为通过研发设计降低产品成本的方式主要有七种。

（一）加强合作，减少无效的开发

有些产品或部件，华为自己开发要投入很大的力量，没有历史积累和明显优势，这样的开发是不可能盈利的，这时就要改变习惯性思维。有些产品业界已经做得很好了，这时就应该加强合作，减少无效开发。对于一些部件，不用一开始就自己做，企业要先分析一下业界有多少部件是可以采用"拿来主义"的，通过合作和购买，让合作伙伴去做。

（二）在满足客户要求的前提下，设计越简单成本越低

产品设计的目标是在满足客户需求的前提下设计最优方案。设计方案越简单，产品越可靠，成本越低。过度设计是一种高成本。比如，产品硬件 PCB 板不要追求层数，并不是层数越多越好。工程工艺人员要研究一些新的工艺技术，从而减少 PCB 板层数。减少层数，就可以降低 PCB 板的成本。

（三）软件设计和优化降低成本

软件优化也是降低成本的手段之一。尤其是什么都云化以后，提高软件运行的效率和提高软件的性能，也能够降成本。华为核心网等软件产品，提高软件运行的效率，在同等硬件能力下可以提高容量，提升客户价值，也可以通过对处理器的软件底层代码进行优化，直接提升硬件处理能力。企业如果去改硬件电路板，那么所花的成本还不如优化软件，提高软件性能的 20%~30%，这样不仅可以大幅度降低成本，还可以达到甚至超过硬件 BOM 降成本的效果。

（四）降低对工具、仪器设备、人员技能等要求，提升直通率，降低制造环节成本

生产制造环节也有一定的成本。华为有很多层数很高的 PCB 板，一般

层数高的 PCB 板也是面积最大的。为了这一块面积最大的板子，生产线就要重新给它准备新的仪器、仪表，这要增加很多生产成本。板子层数越多，尺寸越不标准，仪器、仪表、夹具准备的费用高，直通率还低。而直通率低又意味着高成本，因为维修、返工，又是成本。研发人员在研发时，不仅要关注制造环节的成本，还要关注材料的可制造性。材料的可制造性越好，越能减少工序，降低人员使用仪器、仪表的要求，降低生产成本。

（五）模块化设计，降低运输成本

华为产品的运输方式不好，因为产品设计不支持模块化运输，运输方式大多为空运，并且几乎全部从深圳出发，运费很高。华为从外部购买的一个小型机服务器，需要从马来西亚运到深圳，在华为的生产车间里面调测之后，再运到马来西亚。如果华为在产品研发阶段能做到支持模块化运输，就可以将产品拆成模块，到了现场再组装，这样就可以节约运输成本。

（六）归一化和延迟制造，降低存货成本

华为产品覆盖电信运营商、企业以及消费者三个领域，产品形态多，物料种类多，配置复杂。为了灵活满足客户的各种需求，不同的项目又有不同的软硬件配置要求。这么多的产品、配置和物料种类，对做好供应计划及原材料、半成品和成品的库存管理是很大的考验，很容易造成存货成本提高。解决这一问题的关键是做好归一化，即对应的软硬件要归一。平台少了，机柜、机框少了，电路板少了，器件种类少了，计划对象和存货对象也就少了，周转才会快，存货成本才能降下来。

另一个是延迟制造。不少产品在不同的客户市场只有细微差异或者配置差异。如果华为按成品进行库存，管理的编码就会非常多，库存量也大。如果把差异部分和公共部分拆分进行库存，管理的物料编码就会大幅减少，计划难度也降低了，库存量也会降下来。华为通过归一化和延迟制造，不仅能降低存货成本，还可以快速生产并交付客户需要的产品。

（七）产品设计优化，降低、优化服务环节成本

对于服务环节的成本，企业必须考虑从安装调测到维护到问题处理、

升级的全方面成本。产品的版本升级是必然的，要以工时作为成本目标。比如，接入层产品安装就是一个机柜，以后全球通用的基本就是 19 英寸的机柜。不管什么产品，同样是这一规格的机柜，安装就应该有统一的标准时间，调测也有标准时间。华为之前在服务环节的服务成本之所以居高不下，除了技术服务部门的管理问题和"窝工"问题，更多的是产品设计的问题。产品在设计过程中就构筑了高成本，才会出现成本降不下来的问题。[○]

二、财经组织管理 E2E 成本的四个方面

除了以上通过研发设计降低产品成本的七种方式，为了构建产品成本的竞争优势，华为还从管理成本上入手。

2010 年年初，华为高管徐直军在产品体系技术大会上提出："成本管理应从降成本向管理成本转变。"管理成本最重要的角色是产品财经，华为通过 IPD 端到端（End to End，简称 E2E），构建了产品从概念到发布全过程的财务成本控制流程。

财经组织应该如何运用 E2E 管理成本呢？主要有以下四个方面。

（一）确定 E2E 成本管理的责任部门

产品线组织是 E2E 成本管理目标的主体和生命周期管理成本的主要责任部门。产品线通过 E2E 成本管理流程，推动采购、生产、供应等部门制订措施，支撑产品毛利目标的达成，以实现产品线和整个企业的财务目标。产品财经组织为 E2E 成本管理流程提供支持，为业务运营决策提供可靠的成本信息。落实了责任人，企业就有了明确的成本管理和能力建设的主体。

（二）与产品线 SP、BP 进行结合

产品线通过财务规划和年度预算对盈利的要求，确定对成本的预算目标，并将成本目标分解到各子产品、子项目，分解到各成本要素（采购料本、制造成本、保修和维护成本、物流成本、存货跌价、资金成本等）。企业

○ 本节部分内容摘自《从偶然到必然：华为研发投资与管理实践》，夏忠毅编著，清华大学出版社。

将成本管理和经营管理流程结合起来，在过程中不断通过成本预测、成本核算和成本分析，推动成本管理工作形成闭环。

（三）与 IPD 流程进行集成

成本管理流程贯穿从概念阶段到生命周期终止的整个 IPD 流程，结合财务计划，在 IPD 流程的关键决策点上进行产品的投资决策和 E2E 成本管理目标分析。成本管理目标是否达成是产品开发项目是否继续进行的关键决策要素之一。产品投资决策和财务目标看齐，成本竞争力是确保投资回报的关键因素。

（四）建立成本基线和指标评估机制

财经组织应建立各类成本 COA 体系，确保成本数据核算准确，建立可靠的成本基线，并例行刷新数据，保证预测信息的准确性，有效支撑业务决策。

成本管理是华为的核心竞争力之一。华为通过端到端成本管理，实现了从源头控制成本，提高了企业的效率和盈利能力，使华为在高质量发展的道路上行稳致远。

第五节

深耕细作产业经营，确保土壤"肥力"

一个产品或项目只是从单点上做好产品投资管理和商业变现是不够的，企业还需要在一个具有多产品组合的产业领域深耕细作才能让这一产业的土壤越来越肥沃，持续不断地"生长"出有价值的产品，确保产业长盛不衰。在华为，拥有多产品组合的产品线也是一个承担经营责任的利润中心，需要对产品线的收入、成本、利润等全损益指标承担端到端责任。做好产业经营，支撑产品线价值创造的过程，是产品线财经的重要职责。

产品线财经活动全视图如图 7-5 所示。

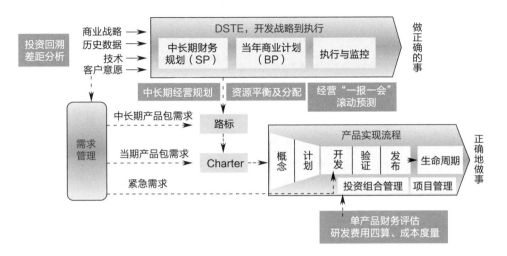

图 7-5 产品线财经活动全视图

图 7-5 展示了产品线财经组织支撑产品线创造价值的全视图。首先，在每年的 DSTE 流程中，产品线财经结合产品投资回报的回溯和差距分析情况，支撑 SP 或 BP 规划工作开展，协助产品线总裁制定中长期经营规划，并通过资源平衡及分配，支撑公司投资战略落地。在投资预算执行环节，财经组织将产品投资预算分配到一个个具体的产品开发项目。其次，在产品实现环节，也就是开发项目的全生命周期，公司通过设定财务目标、财务约束条件，编制开发预算，进行预算授予，管理研发费用和上市定价，并进行绩效分析、成本管理等工作，支撑开发投资的效率和效益提升。在产品线经营的全过程，财经组织通过日常核算、滚动预测、经营分析、"一报一会"等工作支撑产品线的经营目标的达成的全过程。在这里我重点阐述财经组织如何在产品线战略落地环节和日常管理中发挥作用。

一、财经组织支撑企业投资战略落地

华为曾在《关于发布产品与解决方案财经管理部定位与职责的通知》

中明确表示："产品财经作为产品线总裁值得信赖的业务伙伴，共同承担
投资、经营和内控管理的责任，支撑业务持续有效增长。财经通过专业的
投资评估方法，支撑公司投资战略落地，促进投资效率和效益提升；开展
财务经营管理，实现宏微观互锁；执行财经及相关流程，有效管理风险，
实现安全稳健运营。"

产品线作为企业承担全面经营责任的责任中心和独立的经营单元运作，
财经组织要协助产品线总裁承接公司的投资战略，明确产业经营的中长期
战略。产品线的中长期战略一般包括以下内容。

- 产业的战略意图是什么？是要快速赚钱还是积累技术优势，成为行
  业领导者？
- 产业的战略目标是什么？产业要在哪个细分市场围绕哪些客户服
  务？针对这些市场和客户，产业要提供什么样的产品和服务？
- 产业的营收、利润、成长率、市场份额等追求的是什么？
- 产业的竞争优势是什么？产业应该如何设计业务组合，如何进行
  竞争？

在产品线战略落地的过程中，财经组织的核心职责是明确产业应该如
何投资，并设定明确的财务目标。财经组织首先要对产品投资中长期规划
进行回溯和审视，包括审视投资预算执行情况，SP、BP 与实际的关键假设
差异及原因，BP 的执行情况及偏差原因，等等。从财经专业视角，围绕机会、
增长、投入、回报、效率、风险等方面，财经组织应评估产品过去几年的
成长、盈利、成本、投资回报、投资回报周期、研发效率等，审视投资有效性，
并开展风险评估。

投资审视结束后，财经组织要结合差距分析、历史数据和基线、公司
投资规划要求、关键假设等，启动最新的投资规划推演，协助产品线的相
关部门将战略计划转为中长期的财务规划，包括产品投资回报的关键财务
指标（收入、毛利、费用、贡献利润、ROI 等）、研发费用概算（人力、

合作、资产等费用，平台、预算、技术开发等）以及对应的业务假设等。

财经组织制订的产品投资战略和规划要定量管理，用数据说话，并落实到产品线的各个组织和责任人，这是确保战略落地的关键。

二、财经组织要围绕产业特点做好产业经营

在日常的经营活动中，财经组织要用清晰的财务核算来验证经营计划的执行情况，并进行复盘，用滚动预测来预判经营目标达成的风险，调整产品线经营措施，用执行结果来验证战略的执行情况。产品线作为责任中心运作的模式基本和区域、系统部等责任中心的运作模式相同，按照战略到执行模型运作，具体内容将在第八章进一步阐述。本章重点阐述财经组织围绕产业本身的特点做好产业经营应开展的两方面工作。

（一）制订符合产业特点的核算和报告规则

财经组织要做好产业经营，首先要研究产业的业务属性和产业特点，确立产品的财务核算和报告规则，确保产业会计核算和报告规则符合产业特点，反映业务实质。

我曾负责华为某产品线财务工作。刚接手时，产品线收入增长乏力，库存周转率或周转天数（Inventory Turn Over，简称ITO）在全公司处于落后位置，同时项目交付后收入迟迟无法确认，盈利水平在企业也处于落后位置，客户款项回收进度也远远滞后于分包付款进度，现金流长期为负。

我在研究产品线业务属性并调研了解行业内其他友商、合作伙伴的业务模式后，发现产品线收入确认规则极其不合理。产品线的项目属于集自研、外购配套产品、集成服务于一体的总承包合同形式，需要承担数据中心的设计、物料采购、整体建设等工作，属于非常典型的工程采购施工（Engineering Procurement Construction，简称EPC）合同模式。这种业务模式适用《企业会计准则——建造合同》规定，应按照完工进度法确认收入，也就是按照完工进度百分比来确认收入及费用，可以用的方法有产出法和

投入法。

产出法是直接计量已完成的产出，一般能够客观地反映履约进度。比如，生产部门一共需要生产 500 件产品，已经生产 200 件，履约进度为 200÷500=0.4。投入法是根据企业的投入成本来反映履约进度。比如，项目的总成本是 500 万元，已经发生成本 200 万元，则履约进度为 200÷500=0.4。

根据产品线业务性质，我所在的产品线适用于按产出法来确认完工进度进而确认收入更合适。业界的惯例做法是按月度确认。在此之前，产品线的收入确认跟随华为主流的通信项目收入确认方式。华为的通信项目大部分属于设备合同，通常收入确认方式是设备到货安装验收后再确认收入，周期一般是到货后 3~6 个月，财经组织可以分站点、分设备安装和验收。

我所在的产品线项目涉及大量大型设备集成，需要所有设备到场，完成安装后才能验收。这个周期非常长，大部分需要一年以上的时间，此时产品线项目基本完成了所有交付工作。在此之前，我们需要垫付大量资金用于设备生产、外购以及请分包商到场交付。如果按照通信项目的收入确认方式，我们的收入迟迟无法确认，存货也无法结转为成本，而大量的固定支出已经投入，就会导致产品线收入完成率低，存货周转高，项目利润长期为负。

同时，我们采用了和通信项目类似的付款方式，主要款项在验收后回款，这就导致在项目交付周期内，大量款项滞后很久才能回收。按照行业惯例，建造合同都是进度付款，和进度收入确认周期相同，我们的分包商也是按行业惯例，要求按进度月度付款。因此，我们一直在垫资，处于负现金流状态。

在了解如上问题后，我整理了相关资料，向上级部门和公司会计政策中心进行了汇报，最终公司同意修改产品线的收入确认规则，使其回归适用建造项目的会计规则，即按完工进度法确认收入。

为了推广新的收入确认方法，我们制订了给财务部门使用的会计核算操作指导书。针对一线的销售和交付团队，我们还制订了产业的标准合同，要求所有项目签订按进度验收和付款的条款，以及对应的进度交付计划。我们要求交付期间客户按照进度计划每月验收签字，然后每月按进度付款，如果有超出进度计划及交付范围的情况，可以申请变更，调整付款金额等。通过这些政策的推行，产品线收入确认进度明显加快，回款进度也大大加快。

在刚推行新政策的 2016 年，由于前期积累了大量未确认收入的项目，在按新政策重新核算收入后，2016 年收入增长率超过 100%，存货周转天数从 100 多天下降到 30 天以内，当年盈利改善了 3~4 个百分点。

核算规则的修订虽未直接创造客户界面的价值，但合理的核算规则让价值创造的计量更合乎业务实质，反映了客观的业务创造结果，能够更好地进行评价和激励，也能促进业务价值创造的积极性。

财经组织要做好产业经营，还需要根据产业管控特点制订产业管理核算报告，包括对应的报告格式、科目类型、分期要求、颗粒度、数据口径和规则等，满足日常产业经营管理需要。

（二）制订综合财经解决方案，提升全流程经营效益

财经组织还要研究产业的业务属性，关注研发、销售、交付、采购、供应等各环节的经营风险，制订风险应对方案和综合财经解决方案，并通过规则、流程、工具、模板固化，向相关业务人员进行赋能，做好事前、事中、事后管理，确保风险规避。

我负责的数据中心产业具有投资大、建设周期长、集成难度大、验收风险高等特点，项目盈利空间并不大，稍有不慎，就会导致项目亏损，甚至出现回款和验收争议。我曾总结所负责的数据中心项目在销售、交付等环节的主要经营风险点，编制了标准销售合同模板、风险检查清单、合同签约指引、项目经营风险指导书等，以便指导项目组做好项目的风险管控工作。

对于产业的新商业模式，财经组织要开展可行性分析，经营风险评估，

并设计对应的财经解决方案以及定价策略，甚至对于典型的重大项目，还要亲自参与项目的谈判、签约和经营管理过程。

在本书第五章第四节提到了我作为产品财经专家参与新商业模式项目谈判的案例。在这个案例里，我依靠对产业业务特点、项目运作流程、新商业模式的了解，以及自身的财经专业能力，直接主导和参与了新商业模式解决方案设计，促进了数十亿元项目的签署，同时确保了项目收入及时确认，避免了运营和回款的风险，对产业的经营发挥了直接价值。

除此之外，财经组织还要承担产业的内部控制和风险管理职责，关注产业财务报告合规、资金安全合规、税务遵从合规、商业遵从、防腐败等问题，确保产业的经营合规、数据真实，这是保证一个产业健康发展的前提。财经组织要深入到产业经营的各个环节，和业务组织一起深耕细作，确保产业长期有效增长，确保土壤"肥力"，在研发领域持续深耕。

第八章

确保战略落地:
在责任中心领域
支撑价值创造

第一节
划小经营单元，让听得见炮声的人承担责任

华为在业务扩张和发展的过程中，发现业务扩张中的授权和控制机制面临掣肘。一方面，华为的业务扩张需要总部授权，才能使业务前方能够快速决策和响应；另一方面，华为总部要能够控制住业务前方。要做到"鱼和熊掌兼得"，华为就需要有完备的业务监控体系和强大的业务监控能力。华为把"指挥所"建在了听得见炮声的"前线"，自然地，企业的计划、预算、核算也要一起"跟"到前线。

2014年，任正非在"班长的战争"对华为的启示和挑战汇报会上的讲话中提到："'班长的战争'灵活、轻便和高效的组织运作，其核心是在组织和系统支持下的任务式指挥，实现一线呼唤炮火。任务式指挥是通过授权和指导，支持敏捷且适应力强的下级指挥官在意图范围内发挥有纪律意识的主动性，用自己的方式最有效地实现上级指挥官的意图。"

华为把计划、预算、核算放到了业务前线，意味着把管理权放在了前线，把销售决策权放在了前线，这样的做法使业务前线有了更多的战术机动权限，从而能够灵活地应对市场变化。管理后方按计划、预算为业务前线服务，用核算监控授权，这样的机制使企业把指挥权放到业务前线的同时，也能同时约束业务前线的权力，真正实现"鱼和熊掌兼得"。

当华为"作战"时，其业务前线上报业务计划，经过总部批准后可以获取预算。有了预算，业务前线就可以在授权范围内直接呼唤炮火。要知道，炮火是有成本的，炮火的成本要核算到对应的责任中心。当企业把计划、

预算、核算放到业务前线，前线就成了灵活、高效的作战单元。业务前线
有了预算，就可以对炮火的质量和效率提出意见，有了选择用或不用的自
由。这样一来，企业的管理后方就有了压力，必须不断提升炮火的质量，
为业务前线提供有效的支持和服务。把计划、预算、核算放到业务前线的
机制可以使企业全员对准作战，对准结果，精简不必要的环节和不必要的
人员，实现降本提效。

企业把计划、预算、核算放到业务前线时，需要以正的现金流、正的
利润和正的人效增长为考核指标。虽然业务前线拥有了预算，可以呼唤炮
火，但前提是要为企业创造正的现金流、正的利润和正的人效增长，使企
业向以规模增长和利润增长为主的可持续发展转变。企业要如何实现这一
转变呢？答案是：划小经营单元，让听得见炮声的人承担责任。那么，进
一步提问：企业如何划小经营单元？

企业划小经营单元的模式主要有三种：稻盛和夫推崇的阿米巴经营模
式、海尔的人单合一模式和华为的责任中心模式。

一、阿米巴经营模式

阿米巴经营模式是稻盛和夫为实现京瓷"敬天爱人"的经营理念而形
成的管理方法。阿米巴经营模式将企业划分成很多被称为"阿米巴"的小
单元，各个阿米巴自行制订所在单元的计划，并依靠阿米巴全体成员来完
成目标。

阿米巴经营模式的原则体现在以下三个方面。

- "销售额最大化，费用最小化"。企业把组织划分成小的核算单元，
  采取能够及时应对市场变化的部门核算管理。
- 企业下放经营权，各个小单元的管理者树立起"我也是一名经营
  者"的意识。

- 企业鼓励全体员工为了企业的发展齐心协力地参与经营，在工作中感受人生的意义和成功的喜悦，实现"全员参与的经营"。

阿米巴经营模式的本质是一种量化的赋权管理模式。阿米巴经营模式与经营哲学、经营会计一起相互支撑，是一种完整的经营管理模式。在实践中，阿米巴经营模式推行的"内部定价、独立核算"方式引发争议，对企业来说，如何在内部形成统一的经营理念是一大挑战。阿米巴经营模式之所以能够在京瓷取得成功，与稻盛和夫推崇的"敬天爱人"和"利他之心"的理念有很大关系。如果企业缺乏"敬天爱人"和"利他之心"的经营之道，那么很难将阿米巴经营模式落地。

二、人单合一模式

人单合一模式是海尔集团创始人张瑞敏提出并命名的一种管理模式。人单合一模式具有"零距离""去中心化""去中介化"的互联网时代特征，从企业、员工和用户三个维度在企业的战略定位、组织结构、运营流程和资源配置领域进行了颠覆性、系统性的持续动态变革。人单合一模式在探索与实践的过程中，不断迭代成互联网企业的创新管理模式。

人单合一模式中的"人"指员工；"单"指用户价值；"合一"指员工的价值实现与所创造的用户价值合一。"人单合一"的基本含义是，每一名员工都应直接面对用户，创造用户价值，并在为用户创造价值中实现自己的价值。员工不是因岗位而存在，而是因用户而存在，有"单"才有"人"。

人单合一模式的本质是：我的用户我创造，我的增值我分享。通俗易懂地说，员工有权根据市场的变化自主决策，员工有权根据为用户创造的价值决定自己的收入。

人单合一模式有一个显著的特征是拥有"竞单上岗、按单聚散"的"三自"模式，即自创业、自组织、自驱动。企业在实践人单合一模式的过程中，需要注意的是，"按单聚散"会使企业的经营单元过于分散，可能会让企业陷入短期利益的追逐中，忽略企业的长期战略。

三、责任中心模式

华为采用的是责任中心模式。华为是典型的战略聚焦型企业，特点是集中企业全体力量在主航道、主战场上作战。华为为了确保企业的战略能够自上而下贯彻到各下属组织，采用了矩阵式运营模式，即总部对各下属组织实施战略控制和运营控制。责任中心模式是华为根据各经营单元在企业经营中承担的责任划分为一个个责任中心，各责任中心按照承担的经营责任或目标匹配对应的资源（预算）和经营完成的结果来获取激励。责任中心模式不仅是华为实现"力出一孔，利出一孔"的关键举措，也是确保企业的战略执行到位的关键举措。

（一）责任中心的特征

华为的责任中心模式有四大特征。

特征一：有授权。责任中心有明确的授权，包括预算授权、决策授权、业务授权等。责任中心在授权范围内可以自主经营和自主管理，超出授权范围时，责任中心要向总部提出申请。

特征二：有目标和责任。责任中心拥有授权后，需要承担相应的经营目标和责任，使责、权、利三者匹配，这也是华为对责任中心进行考核和激励的基础。各责任中心承担与其组织和职责相匹配的经营指标，最终使预算单元的经营指标有效支撑起企业整体经营目标。

特征三：有规则。责任中心有明确的核算规则，能对企业的经营结果进行客观衡量。责任中心承担企业的经营目标后，需要对其实际经营的结果进行记录评估，客观地反映经营情况。除了收入、成本和费用能够被清晰界定，对于和其他责任中心共同合作产生的收入，责任中心也有清晰的划分规则。责任中心向其他组织寻求支持和服务的费用也需要核算到责任中心。

特征四：有合作和竞争。企业的各责任中心之间存在合作和竞争的关系。企业的各责任中心之间在配合作战的时候是合作关系，合作产生的收益一起共享，合作产生的成本费用一起分担。同时，企业的各责任中心之间也存在竞争关系，绩效好的责任中心可以获取企业更多的奖励和更好的资源。绩效不好的责任中心不仅无法获得企业的奖励，还面临被企业淘汰的风险。

责任中心模式是计划、预算、核算机制和绩效管理的基石。华为通过责任中心模式和计划、预算、核算机制，逐步形成各责任中心自我约束、自我发展的良性管理模式。

（二）华为的五大责任中心

在责任中心模式下，所有组织都要对商业成功负责，但不同的责任中心需要承担的经营责任各不相同。根据责任中心承担的经营责任的不同，华为将责任中心分为五大责任中心，分别为投资中心、利润中心、收入中心、成本中心和费用中心，如图8-1所示。

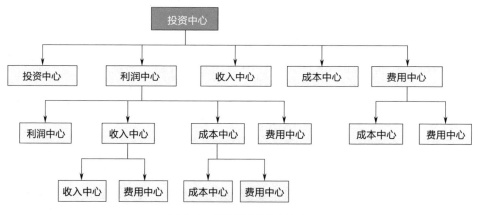

图8-1　华为的五大责任中心

投资中心以客户为导向，负责端到端的产品投资与生命周期管理，关注企业的长期投资收益，以提升资产投资回报为责任。投资中心是各类责任中心投资的主体，主要对投资回报率、净资产收益率、内含报酬率、投资回收期等投资回报指标负责。

一般来说，面向全球的产业、产品线可以划分为以客户为导向的投资中心，从投资角度承担经营目标，对区域收入、利润目标形成牵引，通过计划、预算执行，使企业的产业、产品线、区域、系统部、项目的收入、毛利、利润、现金流等指标与投资回报目标相衔接，并形成商业闭环。需要注意的是，只有具备经营权和投资权的独立经营单位才能成为企业的投资中心。一般来说，一个独立经营的法人单位就是一个投资中心。投资中心是企业最高层次的责任中心，拥有企业最大的决策权，也承担企业最大的经营责任。投资中心必然是企业的利润中心，但利润中心并不都是企业的投资中心。

利润中心面向客户，承担端到端的责任，对企业的利润指标负责，包括订货、收入、销售毛利、贡献利润、DSO、库存周转率、回款、现金流等。一般来说，企业产品线下的子产品、地区部或代表处、项目等可以划分为利润中心。

收入中心负责产品整体销售，主要对收入、回款、销售费用等指标负责。一般来说，系统部或利润中心里的销售组织可以划分为收入中心。

成本中心是利润中心面向客户端到端责任的组成部分，对标准单位成本及改进（包括与基线、标杆对比）、资源利用率、周转效率负责。供应链是生产制造成本中心，服务资源中心是提供交付服务的成本中心。支持各责任中心实现标准化作业的组织（如各类资源或共享中心），也可划分为成本中心。成本中心为其他责任中心提供服务，并进行结算。成本中心的目标是提供"高质量、低成本、高客户满意度"的服务，通过不断提升自身效率来提高企业的资源利用率，降低结算费率，确保利润中心的利润目标达成。

费用中心是企业、各类责任中心运营必不可少的支撑服务部门，对费用额、费用率及改进负责。企业的各管理部门，如财务部门、人力资源部门、行政部门、流程 IT 部门、法务部门、市场部门等都可以划分为企业的费用中心。费用中心的一些支出跟当期收入相关，可以弹性调整；一些支出相对刚性并存在最低基线，需要费用中心基于企业中长期财务报表规划，确定企业中长期费用率目标，并不断优化目标。

责任中心划分的主要目的是明确责任，简化管理，进行授权，相互协作、相互制衡，从而激活组织。企业在划分各责任中心时，要确保责、权、利对等，分层、分级不宜过大，也不宜过小。企业的各责任中心之间因为责任、权力不同，在价值创造过程中应互相制约，通过"拧麻花机制"来实现效率和效益最优。比如，收入中心、利润中心是指挥中心，有作战的权力、选择产品的权力、选择客户的权力和合同决策的权力，但没有队伍，因为队伍（资源）来自总部的成本和费用中心。成本中心和费用中心是能力中心、资源中心，拥有队伍，但没有作战的权力，队伍的移动需要收入中心、利润中心批准，并分配预算。因此，收入中心、利润中心会不断要求成本和费用中心提供高质、优秀、低成本的服务，而成本中心和费用中心也会优先将资源配置给产出更高的收入中心和利润中心，确保企业资源回报最大化。

企业的责任中心是全面预算管理的载体。责任中心的建设是对企业流程、管理方式和考核方式的变革，是一个系统工程。判断企业的责任中心建设是否合格，有以下五大标准。

- 企业对责任中心的授权是否到位。
- 责任中心的经营结果能否准确计量。
- 责任中心是否有定期的绩效评估。
- 责任中心能否支撑企业的整体发展。
- 责任中心能否有效促进企业的业绩实现长期、有效增长。

华为的责任中心模式通过计划、预算、核算机制的运作，承接企业的战略和经营责任范围内的目标，并享受与经营责任匹配的预算，依靠预算呼唤炮火，实现企业战略和经营目标。

企业在借鉴华为的责任中心模式时需要注意的是，责任中心的建设不是一蹴而就的，企业需要通过以客户和利润为导向的管理做牵引，逐步推动责任中心的建设、完善，如此才能为企业计划、预算、核算体系、绩效管理和经营管理构筑坚实的基础。

第二节 建立基于责任中心的计划预算核算机制，有效调配资源

2007 年，任正非曾提到对精细化管理的认识："精细化管理就是要有计划、有预算、有核算，各个指标数据都有据可依。代表处围绕计划进行经营管理，就是要围绕这些财务数据进行。只有财务数据清楚了，财务分析也就清楚了，管理指标才能清楚，就能明白需要改进的地方与方向，从而指导业务发展方向并制定合理可行的业务策略与行动措施。"

华为的责任中心在其经营责任范围内，通过计划、预算、核算机制的运作，承接企业战略以及经营责任范围内的目标，并使用与经营责任匹配的预算，依靠预算呼唤炮火，实现企业战略和经营目标。战略到执行（Develop Strategy To Execute，简称 DSTE）管理流程正是企业运行预算核算机制的核心流程，这是一套行之有效的经营管理作战系统。华为 DSTE 模型如图 8-2 所示。

DSTE 不仅是华为制定 SP、BP 与预算的管理体系，也是华为战略执行与监控的统一流程框架。DSTE 确保华为及各业务单元的 SP、BP、资源、预算和滚动计划的一致性，使各业务单元能够协调一致，推动华为建立稳定和可持续发展的业务，管理企业及产业的投资组合，确保华为实现战略和经营目标。

171

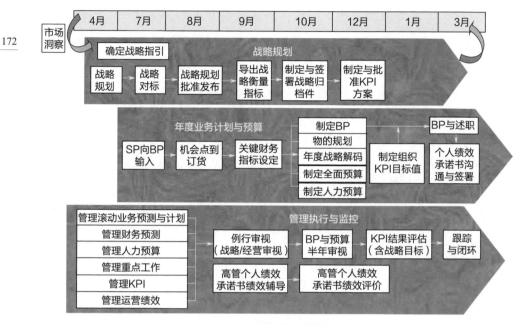

图 8-2 华为 DSTE 模型

一、SP 和 BP 的制定

按照 DSTE 流程制定 SP 和 BP 是企业各部门每年重要的一项工作。

1. 制定 SP

SP 又称企业的中长期发展计划，一般规划周期为下一年度之后的 3~5
年时间。SP 围绕的主题是企业中长期资源分配的方向和重点，主要方法论
是"五看三定"。"五看"是指企业要通过看趋势、看市场或客户、看竞争、
看自己、看机会，输出企业未来 3~5 年的战略机会点和战略机会窗。"三定"
是指 SP 要制定企业未来的目标、制定企业未来的策略、制定企业未来的
战略控制点。"三定"的目的是构建企业未来的核心竞争力。

企业在制定 SP 时主要输出以下三点内容。

• 输出企业的机会点业务设计，主要内容包括客户选择、价值定位、
  利润模式、业务范围、战略控制点、组织等。

- 输出企业的中长期战略规划，主要内容包括企业未来3~5年战略方向、财务预测、客户和市场战略、解决方案战略、技术与平台战略、质量策略、成本策略、交付策略等。
- 输出企业未来3~5年关键战略举措及关键目标。

华为制定SP的时间一般为每年的4~5月，从制定企业层面的战略指引开始，从上到下制定各部门、各区域、各系统部的SP，再从下至上对SP进行汇报评审。华为的SP在每年9~10月形成定稿。

2. 制定BP

每年7~8月，华为开始启动SP第一年的详细业务计划制订工作，也就是BP。华为各部门的BP包括过去一年部门的运营情况总结、未来一年部门的产品策略、区域销售策略、客户拓展策略、服务策略、品牌策略、交付策略以及对应的财务预算和目标等内容，是企业各部门跨度为一年的作战方案。

BP中最关键的是制定年度预算。企业应该如何制定年度预算呢？首先，企业应该将SP的首年规划进一步细化，并将其转化为详细的重点工作和业务计划；其次，企业需要将业务计划转化为财务预测，结合中长期财务规划的首年财务目标形成当年的财务预算；然后，企业要在企业总体预算的纲领下，结合SP的战略安排，落实来年的资金预算和人力部署，并对重大市场机会进行详细分析，确保行动和策略的一致性。

企业年度预算的制定是一个从上至下再从下至上，反复挤压与"拧麻花"的过程。华为各区域拥有选择客户、选择产品、合同决策的权力，而总部产品线、各成本和费用中心拥有资源，负责资源合理配置和高效产出。为了促进自身目标增长，企业的产品线需要推动区域在其预算目标中承接产品增长目标，并进行相应投入；区域为了促进自身目标增长，需要产品线对其进行投入和支持。这些支持包括战略补贴、开发适配本区域客户的产品、人员支持等，并将这些纳入产品线的预算目标中。各成本和费用中心会根据收入中心和利润中心的增长目标，制定相应的资源预算计划。最终，总部、区域、产品和客户之间形成互锁关系，从而确定企业整体以及各责任中心的预算目标。华为的年度预算约在每年 12 月形成终稿，在第二年的 2~3 月正式批准执行。

预算衔接企业战略和执行，明确了企业以及各责任中心承担战略落地责任的具体经营目标，同时也确定了资源配置的方向，形成了从战略到预算、预算到执行、执行到评价的闭环，是确保企业战略落地的重要手段。预算必须以客户为源头，以项目为基础，从而反映业务实质。企业通过制定预算，能够平衡当期效益与长期战略，使企业经营目标更加明确，提高相关部门的资源利用效率。企业通过合理配置资源，保障了企业战略与行动的一致性，促进了企业核心竞争力的持续提升。

二、财经组织在 DSTE 中的作用

在企业的战略规划和预算制定过程中，财务人员需要充分发挥洞察风险的作用，与业务人员一起审视客户选择、价值主张、价值获取、活动范围、战略控制、风险管理等问题，从而将企业的战略意图转化为可落地、可实现价值的业务设计。

1. 财经组织应关注 DSTE 六要素

财经组织在 DSTE 中需要重点关注以下六个要素。

要素一：客户选择。客户选择非常重要，决定了企业以后的所有投入。客户选择具有战略性，财经组织需要考虑自身能力和长远发展，将优质资源向优质客户倾斜。

要素二：价值主张。价值主张是指企业为客户带来的独特价值。企业的产品和服务能否以客户的最终需求为导向，企业能否给客户带来增值和收益，决定了企业能否实现自己的价值。

要素三：价值获取。价值获取是企业通过销售产品和服务销售获得利润的一种商业模式和盈利模式。

要素四：活动范围。活动范围是指企业在价值链中的位置以及与合作伙伴的关系，包括企业选择自己生产还是外包、选择直销还是通过渠道进行销售，以及确定企业的经营区域和范围等。

要素五：战略控制。战略控制是指企业的核心竞争力和战略控制点，包括企业如何通过战略控制确保持续的创造价值、持久经营、持续创新和持续的快速响应和服务等。

要素六：风险管理。企业在经营中遇到的不确定性和潜在风险可能来自宏观政策、市场、行业、客户、竞争对手、合作伙伴和企业员工等方面。

2. 财经组织在 DSTE 中要嵌入的四大要素

业务设计是企业战略规划迈向执行的关键。一个有效的业务设计应该围绕业务能否有效支撑价值创造来展开。当企业的业务设计完成之后，财经组织要将业务设计转化为关键任务，并将财经要素嵌入 SP 和预算全过程，拉通业务战略与财务结果。

财经组织要嵌入企业的 SP 和预算全过程的财经要素，包括以下四大要素。

要素一：规模。基于对市场机会的洞察，财经组织应回答销售额、收入、回款等规模指标的增长问题。市场空间和可参与空间决定了企业未来的可增长潜力，财经组织通常关注市场份额、年收入增长率、复合增长率、战略增长点、价格、价位、存量、增量、业务组合等指标。

要素二：盈利。财经组织应关注企业主营业务的产品、服务及解决方案的获利能力。行业平均利润水平可作为企业产品成本与利润假设的基线，财经组织也可以参考产品过去 3 年利润的同比变动情况。

要素三：效率。财经组织应关注资源配置过程中的投入产出比。效率反映企业内部运营质量，比如费效比、人均销售额、人均利润等指标。财经组织应关注企业业务组合和价值定位、资源投入节奏、投入产出比、投入优先级、战略投入与日常投入。

要素四：风险。财经组织应识别、评估、防范和应对企业重大业务风险、财务风险。财经组织可以列出风险清单，供企业决策者参考。

当财经组织制定的预算（主要包括管理各项业务滚动计划、管理财务
预算和管理人力预算）得到企业批准后，就进入了预算执行和监控阶段。
财经组织通过计划、预算来对业务进行牵引，通过核算对计划、预算、执
行情况进行评估和监控。财经组织通过例行的经营分析会和"一报一会"，
识别企业的财务风险，促进业务改进，通过 KPI 结果和绩效评价，对计
划、预算实现闭环管理，从而实现对企业经营单元的有效管理。预算、执
行和监控就是财经组织例行的经营管理动作，通过这些动作，财经组织对
DSTE 实现闭环管理。

3. 财经组织在 DSTE 中应关注的五大问题

财经组织在 DSTE 全过程中要解决企业战略落地和资源匹配问题，需
要重点关注以下五方面的问题。

- 战略制定和中长期预测。财经组织要回答三个问题：企业的业务战
  略如何转化为财经战略？企业的业务计划（商业计划、资源计划、
  销售与运营计划等）如何转化为经营计划？企业的业务数据和财务
  数据如何集成？

- 战略落地与执行。财经组织要回答四个问题：企业的中长期财务规
  划和预算如何有机衔接？财经组织如何做出清晰可信的商业计划？
  财经组织如何结合企业中长期战略规划做出投资决策？企业如何拉
  通投资回报管理、中长期回报管理以及投资组合管理？

- 资源配置。财经组织要回答四个问题：财经组织如何根据战略目标
  来配置资源（人、财、物）？企业的资源配置是否符合业务差异化
  特征和资源属性？企业的资源配置如何更有效？财经组织如何根据
  战略及市场变化调整资源配置？

- 预算执行与监控。财经组织要回答三个问题：财经组织如何确保预
  算执行到位？财经组织如何识别和纠正预算目标偏差和风险？财经
  组织如何用经营分析做好日常经营管理？

- 绩效评价与监督。财经组织要回答四个问题：财经组织如何建立确保战略落地的评价机制？财经组织如何用财务结果来评价绩效？财经组织如何监督和促进绩效优化？财经组织如何建立一套能够完整支撑管理的核算规则？

财经组织在 DSTE 流程中的作用如图 8-3 所示。

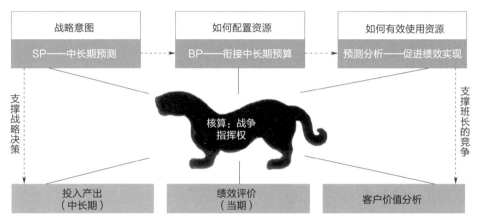

图 8-3　财经组织在 DSTE 流程中的作用

财经组织回答以上五方面问题的过程，体现了其作为价值整合者在战略执行过程中的重要价值。在战略执行过程中，财经组织应该平衡扩张与控制、效率与效益、短期与长期之间的关系，通过业务组合管理、价值组合管理、长周期回报管理，实现财务和业务的闭环管理。

第三节

滚动预测和弹性预算，对准目标调整资源投放

华为高管郭平曾表示："2009 年公司实际的财务指标，尤其是净利润、经营性现金流，与年初的预算和各个季度的滚动预测偏差都很大，这反映

出我们的预测、预算能力还有待提高。2009 年年初制定全年预算的时候，基于当时的背景，年度预算相对保守可以理解。但是在年中业务已经发生明显好转的时候，对全年的预测仍然非常保守谨慎，甚至我们对当季度的预测也是偏差较大，这就要考虑问题发生在哪里。谨慎地预测也不可避免地导致部分管理工作的变形，值得反省。"郭平的这段话充分说明滚动预测的准确性对企业经营管理的重要性。

这里，我们通过一个案例来探讨滚动预测在企业经营管理中的作用。比如，某企业的年度预算是 100 亿元，滚动预测能够完成 80 亿元，预算目标和滚动预测之间的差距是 20 亿元，如图 8-4 所示。

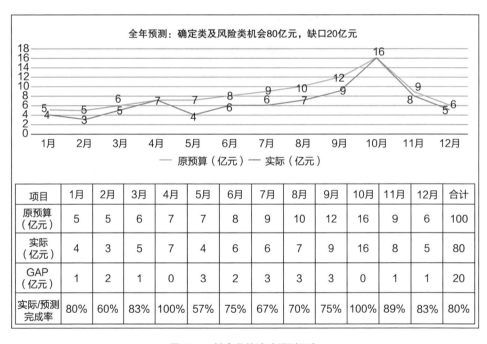

项目	1月	2月	3月	4月	5月	6月	7月	8月	9月	10月	11月	12月	合计
原预算（亿元）	5	5	6	7	7	8	9	10	12	16	9	6	100
实际（亿元）	4	3	5	7	4	6	6	7	9	16	8	5	80
GAP（亿元）	1	2	1	0	3	2	3	3	3	0	1	1	20
实际/预测完成率	80%	60%	83%	100%	57%	75%	67%	70%	75%	100%	89%	83%	80%

图 8-4 某企业的滚动预测示意

看到上图的数据，企业经营者和管理者是否在思考这些问题：该企业为什么会出现 20 亿元的预测差距？该企业是否有机会弥补差距？如果该企业能够弥补差距，那么机会在哪里？为了抓住机会，该企业需要哪些资源，应该采取什么策略和行动？如果该企业没有机会弥补差距，达不成年度预算目标，那么企业是否需要减少资源投入、压缩费用？

以上这些问题的答案都与滚动预测相关。滚动预测可以帮助企业识别和审视经营风险，并及时调整企业的经营动作、企业战略、企业行动和资源配置。财经组织在企业经营的过程中，可以通过滚动预测不断审视企业当前的业务进展和目标之间的差距。滚动预测是企业财经组织经常使用且有效的过程管理方式。

企业的滚动预测包括业务预测和财务预测，这些预测是企业重要的管理手段和决策依据。企业的滚动预测通过以下三个步骤发挥作用。

- 步骤一："向前看"。企业通过滚动预测，分析预测与目标的差距，制订企业达成目标的行动计划并合理配置资源。
- 步骤二："向后看"。企业通过滚动预测来审视业务的执行结果与预测偏差，从而优化预测方法，提升预测质量。
- 步骤三："前后拉通"。企业在滚动预测的过程中，逐步建立了基于大数据的统计预测和分析模型，为业务提供高价值的决策参考。

企业的滚动预测需要的不是预算数据的静态情况，而是真实反映企业业务的动态情况。当企业的业务发生变化时，滚动预测必须能够动态地反映出业务变化。企业只有清楚地看到业务的变化，才能有力支撑一线的管理团队决策调整和资源调配，更好地完成业务目标。

企业的滚动预测具有非常大的不确定性，因此是企业经营分析中最考验财务人员业务计划能力和财经分析能力的工作之一。企业是否有强大的预测能力意义重大，主要体现在三个方面：一是体现了企业对市场和客户需求的持续观察力；二是体现了企业对自身能力和团队协作的敏锐觉察力和纠偏能力；三是体现了企业内部对达成目标的持续努力。

企业滚动预测的源头是项目和客户，而计划则是龙头。企业的滚动预测以业务计划的机会点或订货为起点，将各领域业务计划集成在一起，并

基于历史、行业、目标等预测基线和模型形成整体预测结果，并按月或季
度例行滚动。滚动预测模型如图 8-5 所示。

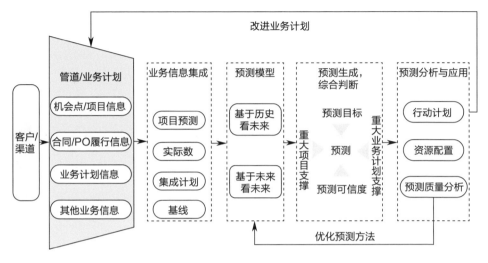

图 8-5　滚动预测模型

　　企业的滚动预测最关键的源头是管道和业务计划，包括各种机会点、
项目信息、合同 /PO 履行信息、业务计划信息和其他业务信息。因此，提
高滚动预测的准确性要从源头抓起。财经组织应沿着一线机会点到回款业
务流，从机会点开始深入业务，在合同获取、生产、采购、物流、交付的
每一个阶段和业务部门进行互动，集成各类业务信息，敏锐感知业务变化，
提高滚动预测的准确性。此外，财经组织要不断优化预测基线，完善预测
模型和预测方法，不仅基于历史看未来，也要基于未来看未来。

　　在应用方面，华为通过看差距和列清单的方式对预测进行深度分析。
看差距主要看本期预测和目标的差距、实际执行结果的差距以及当期与上
期预测的差距。通过看差距，财经组织需要综合判断，并编制出三类清单：
机会类清单、风险类清单和确定类清单。

　　针对滚动预测出现和目标有缺口的部分，财经组织需要找机会进行弥
补。财经组织对预测执行差距进行分析，主要是为了复盘业务执行能力，

并及时调整作战方式。财经组织对预测变动的分析，重点是评估企业的机
会赢取能力、风险把握能力、业务把握能力以及预测能力。滚动预测的看
差距和列清单示意如图 8-6 所示。

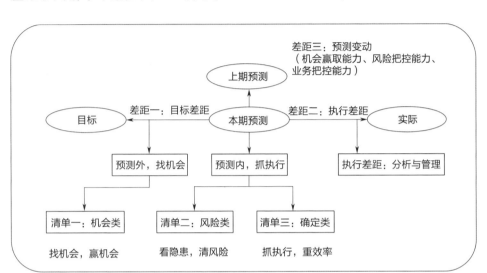

图 8-6　滚动预测的看差距和列清单示意

　　企业有了清晰的预测后，就可以对预算进行弹性调整并制订行动计划
了。华为采用的是弹性预算的方式。所谓弹性，就是预算随着业务的增长
而增长，确保一线业务在增长的同时，获得更多的资源，抓住市场机会。
企业的业务没有增长，但预算额却被花完了，这是绝对不允许的。因此，
财经组织要控制费用，保证利润指标。滚动预测就是帮助财经组织在弹性
预算过程中管理资源调配的重要参考。

　　我们可以从表 8-1 的预测指导预算弹性调整示例看出，预算目标
为 314M（Million，即百万美元）。当预测收入为 300M，预测低于预算
14M，财经组织要控制费用，根据 305M 的新目标授予 18% 的费用。当
预测收入为 320M，预测高于预算 6M，财经组织可适当鼓励投入，根据
330M 的新目标授予 20% 的费用。

表 8-1　预测指导预算弹性调整示例

产出预测低于预算时，控制费用，保证利润目标达成			
项目	预测	预算	与预算差距	目标 / 授予
收入	300M	314M	−14M	305M
费用率	22%	20%	+2%	18%
实际授予比预算低			
产于预测高于预算时，适当鼓励投入，保证更大的产出			
项目	预测	预算	与预算差距	目标 / 授予
收入	320M	314M	+6M	330M
费用率	18%	20%	−1%	20%
按预算授予或高于预算授予			

注：表中 M 表示百万美元。

尽管预算是弹性的，但企业对费用的追加和授予必须严格审批，明确追加的原因以及追加预算后可能产生的价值。此外，责任中心应该制定对应的业务计划，并与基线相匹配。只有预算经过审批和授予后，责任中心才能拥有弹性的权力。

第四节　多维度的管理核算和财务报告体系，支持企业精细化管理

核算对企业非常重要，因为核算计量的经营结果是一面重要的镜子，只有这面镜子清晰准确，才能帮助企业看清真相，做出重要决策。因此，核算是其中重要的指挥棒。纵观华为的财务发展史，我们可以发现华为曾经的核算数据并不像现在的核算数据如此准确，主要问题体现在四个方面：一是实际核算数据的颗粒度、口径与责任中心的核算数据颗粒度、口径不匹配；二是没有清晰的核算报告项和指标定义，没有稳定的数据口径；三是各种复杂的数据分类、调整等处理导致核算数据失真；四是核算数据无

法集成，企业没有有效的工具支撑各方灵活获得相关数据报告。这四大问题导致华为的财经组织提供的财务报表无法满足业务管理的需求。企业没有清晰的财务核算和财务报告，如同船在大海里航行失去了仪表盘，人在沙漠中行走没有指南针，看不清方向，很容易迷失。

华为原有的财务报告更多地是为了事后记录，从而满足外部遵从的传统财务报告要求。随着华为规模的扩大，除了传统的财务报告，华为还需要根据管理需求划分各级责任中心的范围，出具各层级财务报告，从而评估和衡量各责任中心的经营结果。此外，华为还在管理财务报告的基础上，结合企业的考核激励规则输出对应的财务考核报告，用于组织绩效评价。

为了解决核算出现的诸多问题，华为搭建了三层财务报告体系。下面我们一起来了解一下华为的三层财务报告体系，以及企业应该如何借鉴华为的三层财务报告体系来做好企业的核算。

一、华为的三层财务报告体系

华为的财务报告体系分为三层。

第一层是传统会计报告。传统会计报告是财经组织从 ERP 系统出具的符合世界各地会计和审计要求的外部遵从报告，包括集团财报和各子公司财报。传统会计报告反映的是"法人维度"的财务结果，遵从会计准则和会计政策，是企业最基础的报告，主要用于利润分配和外部利益关系人决策。其中，子公司财报包括子公司数据和子公司数据调整，集团财报包括币种折算、合并抵消等事项。传统会计报告由企业的账务部门负责。

第二层是各级责任中心的经营报告。各级责任中心的经营报告是财经组织基于传统会计报告的基础，对企业年度内部经营管理规则和责任中心管理要求的数据进行精细加工而形成的报告，旨在客观反映责任中心的经营结果，支撑各级责任中心的经营管理和决策。各级责任中心经营报告由企业的经营管理部负责。

第三层是考核报告。考核报告是企业人力资源部门在各级责任中心经营报告的基础上，结合企业战略诉求，考虑特殊事项的调整（如战略补贴、激励政策等），用于半年度、年度绩效评价、奖金计算等。考核报告由企业人力资源部门负责。

一般来说，华为每月会出具传统会计报告和各级责任中心经营报告，而考核报告只有在华为的考核周期（如半年度、年度）才会出具。

华为三层财务报告体系如图8-7所示。

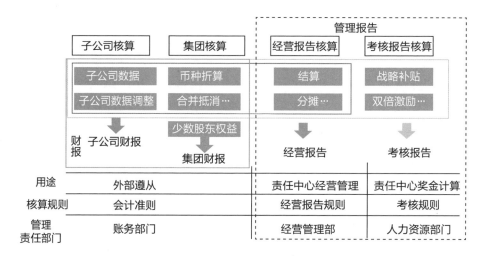

图8-7 华为三层财务报告体系

二、如何搭建管理核算和报告体系

那么，华为的财经组织是如何搭建三层财务报告体系的？企业又要从哪些方面借鉴华为的三层财务报告体系呢？

通过总结华为搭建三层财务报告体系的过程，我认为，企业要想借鉴华为的三层财务报告体系，可以从以下六个方面入手。

第一，通过账务共享，实现全球垂直管理。企业的财经组织应当建立标准化制度、流程和系统，为企业提供及时、准确、高效、专业的账务核算，真实、完整地反映企业的财务状况和经营成果。这是企业的财经组织实施多维度管理核算和搭建三层财务报告体系的重要基础。

第二，建立清晰的财务核算规则和财务口径。企业的财经组织要在集团会计政策的基础上，制定清晰的各层级的财务管理核算规则，实现稳定的财务核算方式，并将经营报告与财务报告数据口径拉通。

第三，建立可靠的财务数据源和稳定的财务报告基础。企业的财经组织要在业务前端进行规划，确保业务前端的财务数据录入遵从统一的入账规范，并制定清晰的财务编码规则和建立可靠的数据源。企业里所有的财务数据都要录入"数据湖"，之后再被应用到财务报告中。企业需要注意的是，财务数据和财务数据应用必须分开。

第四，建立与责任中心体系相匹配且稳定的财务报告项和财务指标。企业的财经组织要根据责任中心的财务报告和责任中心承接的财务指标，定义责任中心的财务报告内容、财务指标、财务口径和财务数据的展现形式。财经组织应建立集团统一的财务报告指标字典，明确指标的口径、计算方法、数据来源和财务应用等信息。

第五，开发稳定的财务报告分析平台，作为各层级经营报告输出的统一出口。企业的报告分析和经营管理人员可以灵活地访问企业的报告分析平台，根据业务需求高效、快速地出具财务报告。

第六，成立一个支撑财务核算和经营分析的财经组织。企业的财经组织要能够制定出企业的财务核算规则，搭建财务报告体系和财务分析平台，并与业务团队一起准确、快速地分析出企业的财务问题，从而及时采取应对措施，改进经营结果。

以上就是企业搭建三层财务报告体系需要重点关注的六个方面，希望企业的财经组织可以通过搭建好三层财务报告体系，做好企业的核算工作，并通过"核算"这根"指挥棒"，指挥企业打胜仗。

第五节
过程监控与纠偏机制："一报一会"

企业制定了战略和目标之后，战略和目标能否得到有效的执行，成为摆在企业经营者面前的一道难题。有些企业的战略和目标之所以无法落地，主要原因是没有相应的管理机制去跟踪战略和目标。要做好战略和目标的管理，经营分析会是企业一个非常重要的落地抓手。

经营分析会从业务中来，到业务中去，能让企业经营情况显性化，帮助企业清晰地识别战略落地过程中的执行差距，从而发现和改善企业的经营短板，支撑企业更好地经营和发展。

很多企业之所以开不好经营分析会，主要有以下六个方面的原因。

- 企业没有审视经营情况的例行会议，只有企业的经营者和CFO等少数人关注企业的经营结果。
- 有的企业即使召开经营分析会，参会人员也没有围绕目标和差距轮流汇报，会议主题发散，没有聚焦到企业的经营分析上。
- 企业的经营分析会准备不充分，参会人员往往看不到业务逻辑，难以找到问题根因。
- 企业的经营分析会只讲成绩，不讲差距；只讲过去，不讲未来；只漫议，不决策。
- 企业的经营分析会形同虚设，会议开完了没有闭环管理，与绩效考核不挂钩。
- 企业的经营分析会开成了汇报会，无法通过会议发现问题并识别经营风险。

企业的经营分析会是经营单元中重要的作战会议之一。企业召开经营分析会有三大作用：一是通过会议，评估企业战略执行和当前经营情况，分析宏观环境和市场情况，预测企业未来，评估经营风险，为企业经营决策提供依据；二是通过会议，对企业业绩进行评估，实时跟踪绩效指标进展，并做好过程控制；三是通过会议，对企业的DSTE起到过程纠偏、促进执行的作用。

企业要召开好经营分析会，需要实现"三聚焦"。

- 聚焦目标。企业当前发展进度如何，离目标还有多远？企业应对照目标谈结果，对照目标谈差距，对照目标谈行动。

- 聚焦问题。企业能否实现目标？企业发展过程中是否有异常或风险？企业打败仗的原因是什么？企业在发展过程中出现的问题根因是什么？
- 聚焦机会。企业的"敌人"在哪里？企业应从哪里突围，用什么武器？企业应编制机会清单，对准机会谈策略和行动。

企业要召开一场高质量的经营分析会，会议至少要包括以下四个要素。

- 要素一：财务指标和财务报表。财务指标和财务报表应以事实为基础。
- 要素二：财务分析报告。财务分析报告应分析和发现企业当前存在的问题。
- 要素三：财务分析会。财务分析会既要注重问题讨论，又要注重行动计划。
- 要素四：会后跟踪落实。经营分析会后，企业要跟踪落实会议中的行动计划，确保会议中提出的问题得到闭环管理。

华为的经营分析会又称为"一报一会"。"一报"指经营分析报告；"一会"指经营分析会。下面我们谈谈企业如何输出一份好的经营分析报告和召开一场高质量的经营分析会。

一、如何输出一份好的经营分析报告

企业的经营分析报告与其他财务报告不同，它主要呈现企业经营目标的执行情况以及目前存在的问题和机会。哈佛大学教授罗伯特·卡普兰认为，一份有价值的经营分析报告要实现三个转变：从讲财务到看业务，从讲内部到看外部和从讲过去到看未来。企业的经营分析报告应该沿着战略思考问题，并按照流程梳理和解决问题。

企业的经营分析报告是企业业财融合度的呈现，通过业务语言从财务结果出发分析过去，挖掘业务背后的根因，同时形成财务结果的预判。企业要输出一份好的经营分析报告，有四个步骤。

第一步：确定经营分析的框架

企业的财经组织在编制经营分析报告时，第一步是确定经营分析的框架。企业的经营分析框架通常包括四个部分：过去、未来、问题和求助。

企业过去已经发生的财务核算结果分析，要与目标比、历史比、同行比、市场比等，从多维度去看企业的发展趋势和财务问题。企业对未来的经营预测能力是业务计划能力的重要体现，可以判断企业未来的发展趋势，发现企业与目标的差距、潜在的机会和可能的风险。企业根据预测可以看到未来行动的方向。问题和求助是企业根据对过去和未来的分析，结合目标、问题和机会，提出关键问题并进行求助，供经营团队决策。

此外，企业的经营分析报告只提出问题和求助是不够的，还应该有具体的改进建议和行动计划以供经营团队决策参考。

第二步：收集数据

当确定经营分析报告框架后，企业的财经组织要开始收集数据，主要包括企业内部、企业外部的财务、非财务数据。

第三步：分析指标

当数据收集完成后，企业的财经组织可以开始计算和分析指标，这些指标包括责任中心关注的关键财务指标和运营指标。在完成初步的分析后，财经组织还要组织销售、交付、运营等业务部门一起分析讨论，深入挖掘财务数据背后的业务根因，提出改进建议。在这一步里，财经组织还要组织业务人员输出业务计划预测，根据业务计划预测最新的经营数据，评估达成目标的风险和机会。

第四步：输出经营分析报告

最后，企业的财经组织要综合以上三步的数据和内容，输出一份完整的经营分析报告。

二、如何召开一场高质量的经营分析会

有了高质量的经营分析报告后，企业的财经组织就可以召开一场推动

问题解决的经营分析会了。企业的经营分析会至少应在月度例行召开，季度、半年度、年度的经营分析会应在例行会议内容的基础上增加重点议题。为了确保识别、定位和解决问题的时效性，企业的财经组织最好是在经营分析报告发布后的 3~5 个工作日内召开经营分析会，比如固定在每月 8 日或 10 日等，这样可以形成企业的经营分析会例行机制，以便企业管理者提前预留会议日程。

为了确保经营分析会的高效召开，会议组织者要做好经营分析会的流程管理。在经营分析会召开前，会议组织者要做好两大工作：一是提前通知参会人员会议时间、地点、议题、待决策事项等，并将会议资料提前发给参会人员阅读；二是与参会人员进行会前沟通，形成预决策建议，会上只决策尚未形成共识的事项。在经营分析会召开时，会议组织者要明确会议的议程和待决策事项，使参会人员充分讨论，并通过民主决策形成决策意见。在经营分析会结束后，会议组织者要使会议决策的改善措施形成"任务令"，便于后面持续跟踪和推动落地。

需要注意的是，企业在召开下一场经营分析会时，要对上一场经营分析会的决策意见的落实情况进行检查，对持续不能达成改进目标的问题，要和绩效挂钩，要有奖惩措施。

经营分析会的讨论环节很重要。企业在召开经营分析会时，可以遵循如图 8-8 所示的五大议事流程。

图 8-8　经营分析会议事流程

- 第一步：参会人员的讨论要围绕经营分析报告的逻辑，审视上期决策意见落实情况。
- 第二步：参会人员要审视本期经营报告和问题。
- 第三步：参会人员要定位企业目前的问题，通过分析问题，发现差距。
- 第四步：参会人员要针对问题和差距制订改善和行动计划，调配和投入资源。
- 第五步：根据前面四步的讨论，形成最终决策意见。决策意见包括参会人员在经营分析会上共识的目标、识别到的机会，以及企业为了达成目标和获取机会要投入的资源和执行策略等。

为了确保经营分析会的高效召开，会议组织者应事先列好决策事项和预沟通决策建议，按议题逐项决策，完成一个事项决策后再进行下一事项决策。经营分析会产生的决策意见必须明晰和可落地，要有落实的责任部门或责任人、落实时间、验收或完成指标要求等。

企业要召开一场高质量的经营分析会，还需要各级责任中心的组织运作保障。各级责任中心承担企业的经营管理责任，是召开经营分析会的主体。各级责任中心体系的财务 KPI 是经营分析的重点。企业通过建立业财融合的 BP 组织，实现从业务到财务的闭环，支撑企业及各责任中心做好经营分析和经营管理工作。业务与财务系统的集成以及财务的数字化是企业经营分析可视化的数据基础，能够及时、高效地输出经营分析的各类指标。

总而言之，开好经营分析会是企业管理能力的基本功。企业经营者和管理者只有通过召开经营分析会，对企业的经营成果、存在问题进行总结与分析，才能更务实地引导企业算好"经营账"，清晰地掌握经营现状，促进企业经营结果的实现。

第九章

内控及风险
体系建设，
保障价值创
造的成果

第一节
监控是为了更好地授权和作战

在美国安然事件[⊖]之后，为了重塑投资者信心、规范美国证券市场秩序，美国国会和政府通过了《萨班斯－奥克斯利法案》（以下简称《萨班斯法案》）。《萨班斯法案》对美国《1933 年证券法》和《1934 年证券交易法》进行了大幅修订，在企业治理、会计职业监管、证券市场监管等方面做出了许多新的规定。其中，《萨班斯法案》第 404 条款要求建立一套内部控制制度并对其进行维护，然后由外部审计师进行审计。《萨班斯法案》的出台使上市企业不得不考虑控制企业经营过程中的各种风险。

《萨班斯法案》发布后，内控体系的建设成为全球各上市企业非常重视的一项工作。华为作为非上市企业，不需要为了应对外部监管而建立企业的内控体系，但内控体系对华为的发展仍然具有非常重要的价值。内控体系的有效运作，能够确保华为在"多打粮食"的同时，实现资金资产安全、财报可靠、运营合规，防止企业发生规模性腐败，从而保障华为实现可持续发展。任正非曾高度评价内控体系的价值："（内控）管理就像长江一样，我们修好堤坝，让水在里面自由流。"

⊖ 安然事件是指 2001 年发生在美国的安然公司破产案以及相关丑闻。安然公司曾经是著名的能源、商品和服务公司之一，名列《财富》杂志"美国 500 强"的第七名，自称全球领先企业。安然公司利用资本重组形成庞大而复杂的企业组织，通过错综复杂的关联交易虚构利润，利用财务制度上的漏洞隐藏债务。2001 年 12 月 2 日，安然公司突然向纽约破产法院申请破产保护，该案成为美国历史上企业第二大破产案。此举严重挫伤了美国经济恢复的元气，重创了投资者和社会公众的信心，引起美国政府和国会的高度重视。

华为是世界 500 强企业中唯一没有上市的企业，华为的董事会明确不以股东利益最大化为发展目标，也不以其利益相关者（员工、政府、供应商）利益最大化为发展原则，而是坚持以客户利益为核心的价值观，驱动员工努力奋斗，并在此基础上构筑华为的生存空间。由此可见，财务回报最大化并不是华为的经营目的。与大多数企业的财务部门主要负责财务回报的管理不同，华为财务部门的核心职能是为企业提供服务和进行财务监督，帮助企业执行"以生存为底线，实现有利润的增长，有现金流的利润，不重资产化"的经营策略，保持经营结果的稳健和均衡，支撑华为的长期生存和发展。

任正非早在 1999 年发表《管理工作要点》时就提到："（华为）坚持以业务为主导，以财务为监督的宏观管理方法与体系建设。以业务为主导，就是按目标需求进行业务的最优化发展；以会计为监督，是指各级干部要负有财经管理的责任，实行项目管理，加强核算与成本控制。"

以业务为主导，明确了华为业务决策的第一责任人是业务主管，而非各级 CFO。业务主管是华为各级责任中心（投资中心、利润中心、成本中心、费用中心）的第一责任人，承担所管理范围内的经营风险及内控责任。业务主管拥有决策权，并承担决策责任。当业务主管所负责领域内的经营和内控出现问题时，他将被企业第一个问责。业务主管也是预算的第一责任人，承担着实现所管理范围内的预算目标和使用预算费用的责任。

华为通过不断创新的产品和提供更好的服务为客户创造价值。因此，企业的业务部门是创造价值的第一责任人，应该由业务部门来承担决策的主导责任。在以财务价值驱动运作的企业里，CFO 和财经组织拥有极大的决策权。在华为，财经组织是辅助业务进行价值创造、支撑业务决策的组织之一。

那么，内控和业务之间是什么关系？ 2009 年，任正非在与集成财经变革项目组及财经体系员工座谈会上进行了形象的比喻："以东京火车站为例，流量很大但运作速度很快，业务管理及监控都是最有效的。东京火车站有七层，五层地铁、两层新干线，每一层都有几十条线的火车在跑，用滚梯和直升梯垂直连接起来。火车快速地跑，但我从来没看到人监控，怎么不撞车呀？这已经说明了监控和业务是什么样的一个关系，'哗哗'在跑的火车，现代交通的高速、快捷，是业务与内控的典范。"

华为的财经组织对业务不仅仅是监控，还在提供规范化财务服务的同时履行监督、内控和审计职能。华为财经组织的职能除了传统的会计服务、税务服务、资金管理、成本管理服务等，还包括计划预算、经营分析、投资决策、项目四算、销售融资、回款管理等。财经组织对企业的业务有效履行监控职能，既能保证财务数据反映业务实质，帮助业务主管做出正确的决策，也能不断纠偏。

企业的财经组织要对业务有效履行监控职能。财务人员除了需要有过硬的专业能力，还需要深刻理解业务，能够识别业务的合理性和真实性。比如，当企业的一笔业务收入到账后，财务人员应该清楚这笔业务的收入是如何产生的，应该按照什么规则计入，以及计入时点和金额是否合理，是否存在虚增收入情况。当企业的一笔业务费用支出后，财务人员应该清楚这笔业务费用的使用是否真实、合理，是否存在超预算的情况。

企业的财经组织应该基于财务规则和财务数据对业务进行监控，并做好财务数据质量的"守门人"。企业的财经组织对业务履行监控职能时，要有敢担责、敢举手的责任心和为专业负责的态度，碰到不合规、不合理的现象一定要及时举手，向企业上级报告。华为在内控流程中也赋予了各级 CFO 一票否决和向上举手的权利，这些权利的有效行使取决于财务人员的魄力和专业度。

企业的财经组织如何对业务有效履行监控职能呢？

首先，企业的财经组织应坚定不移地推行财经流程管理，将标准化、规范化的财务要求纳入到财经流程中，并将财务的监控要求落实到各个业务流程和财经流程中，确保财务人员为业务提供安全、快捷、准确的财务服务的同时，对业务进行有效监控。简言之，财经组织应致力于在财经流程建设中构筑内控基础，在运营中实现效率与监控的平衡。

其次，企业的财经组织应管理好财务数据，将业务转化为财务数据，将财务数据转化为信息，并不断通过财务数据揭示业务和管理中的问题，识别风险，支撑业务改进。比如，财务人员可以通过费用超预算使用、出库数据异常、超长期回款等财务数据识别出业务问题，从而实现对业务的有效监控。

第二节
建立全面的内控体系，确保"内外合规多打粮"

2007 年，华为的内控管理作为集成财经变革的一个子项目，开启了一场声势浩大的关于"内控"的变革。目前，内控意识、内控机制、内控能力已经深入到华为的各个业务活动中。华为已形成以"流程责任和组织责任"为基础的全球内控管理体系，确保企业的业务在哪里，内控就在哪里。

在引入 IBM 的管理变革后，华为围绕"经营效率效益，财报真实可靠，资金资产安全，法律法规遵从，预防腐败"等管控目标，逐步建立起基于 COSO 模型的内控体系，并持续完善了业务主管或流程责任人的责任制、内部控制和内部审计三道防线。通过内控体系的搭建，华为的内控体系变革取得了显著成效，有力地支撑了华为的商业成功与可持续发展。

华为的 COSO 内控体系及内控框架适用于华为的所有流程（包括业务和财务）、子公司和业务单元，也涵盖了财务报告内控体系，以确保财务报告的真实、完整、准确，具体内容包括五大部分，即控制环境、风险评估、控制活动、信息与沟通、监督。

一、华为的"一点两面三三制"内控体系

华为的内控体系简称"一点两面三三制"，如图 9-1 所示。

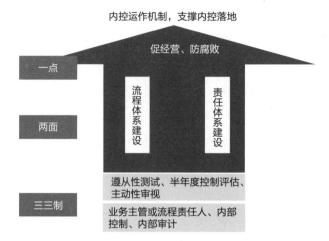

图 9-1 华为内控体系"一点两面三三制"

"一点"是指华为的内控目标:促经营、防腐败;"两面"是指华为的流程体系建设和责任体系建设;"三三制"的第一个"三"是指华为的三项内控工具,分别为遵从性测试(Compliance Testing,简称 CT)、半年度控制评估(Semi-Annual Control Assessment,简称 SACA)、主动性审视(Proactive Review,简称 PR)。下面,我简单介绍一下华为的三项内控工具。

- 工具一:CT。华为通过对业务流程的质量和有效性进行CT管理,进而对样本的测试结果等进行检查复核。

- 工具二:SACA。SACA是华为各级管理者、流程责任人和流程运营、内控人员对所负责领域内控体系设计与执行有效性进行半年度整体风险评估工具。华为通过SACA对业务管理场景进行全面扫描,有效识别业务流程中的断点和盲区,并同步跟进解决。

- 工具三:PR。PR一般由业务管理者发起,业务人员和流程责任人共同从经营痛点入手进行自检工作,并基于流程自我发现和改进问题。针对业务流程中的大部分问题,业务人员与流程责任人都能够通过PR自检发现并进行自我修正。

"三三制"的第二个"三"是指华为的三大内控角色，分别是业务主管或流程责任人、内部控制和内部审计。

二、内控体系的三道防线

华为的三大内控角色协同业务流程建立起内控体系的三道防线。

第一道防线：业务主管或流程责任人

业务主管或流程责任人是华为内部控制的第一责任人，同时也是业务及风险的所有者，他们必须承担起内控和风险监管的责任。业务主管或流程责任人是企业管理风险、合规运营最重要的防线。华为秉承"95%的风险要在流程化作业中解决"的原则，要求业务主管必须具备两种能力：一种能力是创造价值；另一种能力就是做好内控。

华为坚持将权力下放给最有责任心的人，让他们对流程进行例行管理。业务主管不仅要约束部门人员不做假账，保障业务数据的准确、及时和规范，还要和流程责任人一起承担起监管的责任，将绝大部分的业务风险在流程化作业中进行化解。

第二道防线：内部控制

企业的内部控制部门是内控规则的所有者，协助管理层监控风险，建立内控体系，制定内控管理规则，并对跨流程、跨领域的高风险事项进行拉通管理。企业的内部控制部门不仅要负责内控体系方法论的建设和推广，还要赋能企业的各个层级。

企业的内部控制部门在帮助业务完成流程化作业的过程中发挥着稽查和内控的作用。2016年12月1日，任正非在华为监管体系座谈会上的讲话中指出："稽查体系聚焦事中，是业务主管的帮手，不要越俎代庖，业务主管仍是管理的责任人，稽查体系是要帮助业务主管成熟地管理好自己的业务，发现问题、推动问题解决、形成有效闭环。"

华为一直坚持以业务为主导、会计为监督，并将服务和监控融入业务全流程。由于华为将权力授权给贴近客户的一线团队，因此监管也需要前移——对应业务作战指挥权前移，子公司董事会监管前移，将权力的自我监督融合在业务流程中。

第三道防线：内部审计

内部审计是华为内部控制体系的第三道防线。内部审计部负责独立监督、评估和监控内控体系的有效性，提供内控监督及风险保障，是企业中的"司法部门"。《华为基本法》明确定义了内部审计制度："公司内部审计是对公司各部门、事业部和子公司经营活动的真实性、合法性、效益性及各种内部控制制度的科学性和有效性进行审查、核实和评价的一种监控活动。"

全球统一的会计核算和审计监控如同保卫城市的两道城墙，会计核算是第一道城墙，对业务进行监督；内部审计是第二道城墙，对会计核算进行监督。关于审计的原则，任正非在2016年华为监管体系座谈会上指出："冷威慑，就是让大家都不要做坏事，也不敢做坏事。"

企业内部审计秉承的是"无罪论定"的原则。企业的内部审计部在进行内部审计时必须依靠证据，同时要有科学的、实事求是的内部审计方法。华为实行以流程为核心的管理审计制度，在流程中设立若干监控与审计点，明确各级管理干部的监控责任，实现自动化审计。

此外，基于内部控制与风险监管的职责，华为在各流程和业务中设置了业务控制和运作控制两种内控角色，协助业务主管或流程责任人承担起内部控制与风险监管的职责。

业务控制角色主要负责企业内控体系框架的建立和维护，协助企业建立和维护良好的内控环境，并对内控体系关键控制点、内控工具、方法等进行培训。承担业务控制职责的人员只有少部分留在华为总部，大部分分布在全球的流程线、业务线和区域线，以便协助各级管理层建立并完善内控系统。

运作控制角色主要由企业中的业务运作人员专职或兼职担任，他们的主要职能包括记录和维护流程运作、实施遵从性测试等，帮助本领域的业务管理层或流程责任人实施日常内控管理。

华为通过内部控制、风险监管、流程责任建立起了点、线、面有机结合的内部控制体系，确保"内外合规多打粮"，支撑起了华为的商业成功与可持续发展。

第三节
围绕价值创造目标，有效管控内外部风险

在实现价值创造的过程中，财经组织的重要职能之一是平衡扩张和控制、效率和效益、长期和短期的关系，持续保障企业的财务稳定，并促进业绩健康增长。

企业的财经组织实施控制和监督的价值，应该体现在改善价值创造结果上。企业的财经组织改善价值创造结果，就是要用规则的确定性保证结果的不确定性。集成财经变革最重要的经营规则是"呼唤炮火的同时必须承担成本，实现资源优化配置""商业行为必须以盈利为目标，全流程都要对回款和盈利负责"。企业的财经组织进行预算和核算是落实上述两大规则的重要控制手段。

企业的财经组织通过预算为作战部门配置资源，通过核算对作战部门使用资源的过程进行监督。企业的财经组织每年制定预算时需要所有经营责任部门参与，并且预算需要经过多次评审申请才能获得批准。批准后的预算需要落实到组织和管理者个人绩效承诺书中。在执行预算计划过程中，各责任中心要严格按照预算计划执行，既不能超支，也不能浪费。预算作为企业的一种控制手段，要严格执行。

企业的作战部门如何使用预算，预算落实的结果如何，作战部门是否

承担了相应的费用，都要靠财经组织的核算来衡量。核算对企业有两个重要作用：一是核算可以帮助企业评估资源使用的有效性。如果一线作战部门使用了大量的预算和资源，但没有带来业务增长和盈利，就会造成巨大的资源浪费，企业难以实现持续增长。二是核算可以帮助企业检验业绩增长的真实性，如收入是否存在不合规、费用是否存在虚假报销、业务的发生和成本的计量是否匹配等。企业的核算监督越有效，预算的使用就越高效，企业战略的落地效果就越好。

销售收入是衡量企业经营状况和质量的重要财务指标之一。客观、准确、及时地确认收入是企业实现稳健经营的基础。如果财务数据掺入了大量的"沙子"和"水分"，无法真实反映业务真实情况，企业也无法进行有效的管理。

华为财委会2014年发布《对虚假确认销售收入行为处理的决议》，决议规定"通过伪造交付文档，提供与业务实质不相符的交付进度信息或交付文档，隐瞒业务真实信息等方式，提前或推迟确认销售收入，是严重违反《华为员工商业行为准则》的业绩造假行为，有可能对公司财务报表造成重大影响。公司对此类行为采取零容忍态度，发现一单，处理一单，因虚增收入而多计的奖金应予退还，同时对故意造假的直接责任人和管理者按 BCG 违规予以相应的纪律处分。"

华为的内控体系不仅可以有效管控内部风险，还可以有效管控业务全流程的经营风险。华为在向海外快速扩张的过程中曾经发生了一些回款和验收争议，出现了不少坏账。在 2014 年之前，华为的问题资产累计达到了 30 亿美元，其中超长期欠款数额高达 16 亿美元。为了解决回款问题，华为不仅在销售全流程中加强了回款管理，还从客户视角对客户信用进行了管理。为了更好地管控外部风险，华为在伦敦、东京和纽约成立了财务风险控制中心，这三大财务风险控制中心每年能够解决华为几亿美元的坏账问题。经过多年的努力，华为的超长期欠款已经减少了很多。

除了追回欠款，华为的财务风险控制中心还能预防坏账的发生，做好风险预警，并提前介入。针对华为的重点客户，三大财务风险控制中心还结合公开渠道、第三方以及其他渠道信息，评估客户的财务状况和支付能力，并根据情况发出预警。财务预警信息帮助华为避免了很多潜在的损失，保证了公司资金的安全，为经营发展保驾护航。

在研发、生产、采购、供应、交付等主要业务流程中，华为还针对经营风险的关键控制点进行管控，并要求其按照内控的管理要求开展工作。华为在各代表处推行自动化验收、开票与核销系统后，开票时间从80分钟缩短至10分钟，客户拒票率下降98%。针对业务实际痛点，华为推动PO与客户的自动对接项目，自动对接项目实施后第一年就减少了3200万美元的应收账款差异和1100万美元的退货损失。这些都是内控机制为华为带来的实实在在的经营收益。

华为通过有效的内控管理，为授权和行权提供了强有力的制度保障。完善的内控体系，使华为总部敢于合理授权、有效控制，使一线敢于行权、积极行权，成为企业"业务与内控的典范"。

第四节 建设风险管理机制，在增长和风险之间寻找最优平衡

2011年2月，利比亚爆发内部动乱，并迅速演变为大规模的武装冲突。持续8个月的动乱对中国在利比亚的企业造成巨大冲击。中国在利比亚的50余个大型项目受到波及，项目合同金额高达188亿美元。

从上面的案例中我们可以看出，企业在全球化扩张的过程中不能只看到机会，也应看到风险。在宏观层面，企业通常会面临经济风险、准入和

202

许可风险、政策和法律风险、贸易保护风险、自然灾害风险、公共卫生风险、文化差异风险等多种风险。在客户和项目层面，企业可能会面临客户信用风险、回款和验收风险、汇率风险、税务风险、劳资风险等多种风险。在企业内部经营层面，企业面临产品质量风险、供应风险、数据安全和网络安全风险、防腐败风险、法律遵从风险等。随着企业规模的扩大和业务复杂度的提高，各种风险会加剧，企业经营犹如在惊涛骇浪中前行。

近年来，世界进入了一个充满不确定性的时代，企业如何在变化中识别风险，发现那些黑天鹅和灰犀牛呢？企业应该如何提前做好应对呢？华为的应对策略仍然是以规则的确定性应对结果的不确定性，严格管控合规，严守法律边界。

企业在扩张的时候，管控好经营目标和经营质量是至关重要的。企业应以商业成功为导向，严格控制投入，扩张的结果必须转化为正的利润、正的现金流和正的人效增长。此外，企业应该加强对效益和效率的管理，避免盲目扩张，追求有质量的增长。

华为从财务管控企业风险的角度出发，通过"四个三"的运作机制来管控风险，如图9-2所示。

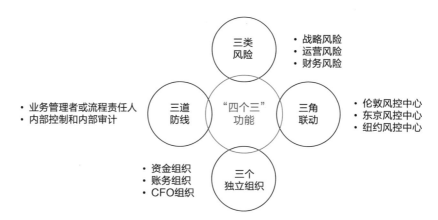

图9-2 财务风险管理"四个三"运作机制

第一个"三"指的是三类风险：战略风险、运营风险和财务风险。战略风险是指企业面临的重大战略方向和技术风险。比如，当年华为选择不做小灵通就给企业带来了巨大的战略风险。运营风险是指企业在业务运作过程中所面临的风险，包括但不限于市场风险、业务连续性风险、产品质量风险、数据安全和网络安全风险等。财务风险包括客户信用风险、回款风险、外汇风险、税务风险等。

第二个"三"指的是三角联动。华为在全球范围内设立了三大风控中心，分别是伦敦风控中心、东京风控中心和纽约风控中心。三大风控中心形成三角联动，共同防范企业可能面临的财务风险。2013 年，华为设立了伦敦风控中心。伦敦作为世界金融中心，拥有成熟的制度和高端人才。伦敦风控中心主要为华为提供金融政策、税务政策及操作规则指引，建立确定的规则。东京风控中心专注于企业项目、合同的风险控制，审核项目经营管理中是否存在不合理和违规情况，并通过独立审计报告相关人员。纽约风控中心主要联动华尔街，帮助华为判断和应对宏观经济上的风险，站在明天思考今天应该如何改进。

第三个"三"指的是三道防线：业务管理者或流程责任人、内部控制和内部审计。

第四个"三"指的是三个独立组织：资金组织、账务组织和 CFO 组织。这三个组织建立了企业所有业务活动的三层审结机制。第一层，日清日结，即每日完成银行对账，确保每笔资金流动都源于账务处理。第二层，账务核算，确保流程合规、行权规范，确保每笔账务处理都源于真实业务。第三层，独立的 CFO 体系，能够对业务决策形成现场制衡。华为在每个责任中心和每个项目中都配置了 CFO。CFO 有向上举手的报告机制，当出现重大风险时，可以直接向上级主管报告，并提醒他们进行干预和管理。CFO 的任用和调配由总部财经组织直接管理，这有助于确保 CFO 独立行使对所在业务的监督权力。

2010 年 12 月，华为在财经组织下设立企业风险管理部。该部门通过实施风险管控，有效控制内外部业务与财务风险，合理保障资金财产安全，确保财务报告真实可靠，并提升法律法规遵从效率和运作效率。

在最新的财经数字化变革项目中，华为在业务流程的 KCP 点上设置了智能探针，可以在业务合规的情况下实现无感通过，并在出现问题时自动跳出预警，实时管控风险，通过数字化和智能化手段解决风控问题。华为的风险管理机制支撑其在复杂的内外部环境和不确定性市场中有效控制风险，力求增长和风险之间的最优平衡，实现企业价值最大化。

第十章

从账房先生到
价值整合者：

业财融合型
组织建设

第一节
业财融合型组织的成长之路

企业的战略决定了企业的组织架构，而企业的组织架构则支撑着企业战略的落地。企业财经组织的发展取决于战略和业务发展的需求。华为要长期生存和发展，就必须走国际化、全球化、数字化之路，开辟新领域，拓展新的发展空间。华为在价值创造的过程中，要求财经组织扮演"价值整合者"的角色，将资金、技术、人才创造的价值充分转化为企业的收入、利润和现金流，同时建立起科学、规范、高效和能够驾驭风险的财经管理体系，从而确保企业实现可持续发展。

华为的财经组织是伴随着华为的业务发展一路成长起来的，现在已发展成为全球领先的财经组织。华为的财经组织业务涵盖了账务管理、经营管理、资金管理、税务管理、销售融资、风险内控、子公司管理、定价管理、财经数字化、财经法务管理等多个财经专业领域。在企业里承担着多种重要职能，包括华为财务战略制定、经营管理驱动、财务风险控制和财务活动执行等。华为的财经组织有力地支撑起了企业的持续有效增长和长期稳健经营，实现了"用专业成就专业，用价值守护价值"的财经目标。

二十多年前，任正非曾批评华为的财经组织"非常落后"，落后得"连账都算不清楚"。面对从内到外的各种压力，为了满足企业快速发展过程中的财务需求，华为的财经组织进行了数次改革。华为的财经组织从最早期的记账会计组织，发展成为如今驱动企业变革的价值整合组织，组织能力从"最落后（落后到拖了业务的后腿）"发展到"业界领先"水平，任正非对此高度评价："华为成功的核心点是财经体系和人力资源体系。"因此，用"凤凰涅槃"来形容华为财经管理水平和财务组织的能力提升非常贴切。

华为财经组织的三个发展阶段

总的来说，华为财经组织的发展经历了以下三个阶段。

第一阶段：以传统财务会计职能为主的专业财务组织

跟大多数初创企业的财务部门一样，华为成立初期的财务人员主要的工作就是记账、报销等，工作方式主要是"人拉肩扛"的手工作业。

随着业务发展需要，华为成立了预算管理部，财务部门增加了预算和成本管理的职责。后来，华为将预算管理部更名为经营管理部，对企业经营实行"宏观调控"，财经职能逐步完善。

1996 年，华为引进 Oracle 公司的 MRP II 产品 Oracle Applications，包括 Oracle Manufacturing 和 Oracle Financials 两个部分，共 14 个模块。它的上线让财经的专业服务能力大幅度提升。

随着华为业务的飞速发展，华为在全球 170 多个国家或地区设立了办事处，不同子公司的会计处理方式和财务处理系统差异较大，结账效率也较低。及时、准确地提供财务报表服务，成为会计人员期末结账时面临的巨大挑战，财务组织的发展明显滞后于业务发展的需要。在此背景下，华为邀请国际四大会计师事务所之一毕马威作为咨询顾问，实施了第一次大规模的财经管理变革，即"统一会计政策、统一会计流程、统一会计科目和统一监控"的"四统一"变革。本书的第三章详细描述了"四统一"变革过程。"四统一"变革提升了华为财经组织的基础财务能力，奠定了共享服务的基础，为华为之后的账务规范化和账务共享中心的建设奠定了基础。

2005 年，为了进一步提高企业财务工作的效率和效益，更好地对全球业务开展进行服务和监控，在外部顾问 IBM 的帮助下，华为将分散在不同业务单元的账务核算和其他财务活动分离出来，集中建立统一的共享服务中心，为企业中的各个组织提供集中统一、高质量、低成本的账务核算服务。华为先后建立了七大共享中心。共享中心建设在全球不同时区，不受时差影响，可以 24 小时循环结账。

从手工记账到"四统一"变革再到共享中心的建设，华为财经组织的专业能力大幅度提高，为企业的各个组织提供高效、低成本、便捷的财经专业服务。同时，"四统一"变革和共享中心的会计服务，使财经组织提供客观真实财务数据的能力大幅提高。

第二阶段：业财融合型组织

随着华为全球化业务的开展，华为的产品从国内走向海外，业务从单一的卖产品到提供全网解决方案的 Turkey 项目，仅提供会计专业服务能力的财务组织无法满足企业业务发展的要求。企业在资源配置、研发投入、项目四算、风险管理、定价、商业模式设计等各个环节都需要财经组织的介入。

2007 年，华为启动集成财经变革，从交易层面和项目层面的业财融合、责任中心层面的业财融合、内控及风险体系建设和财经专业类能力提升四个方面进行变革，主张业财融合，让企业的财经组织和财经活动融入业务活动。这一时期华为也启动了 CFO 体系的建设，各级责任中心都有对应的 CFO 或 BP 组织支撑业务活动的开展和精细化运营。此时，财经组织进化为三支柱组织，财经的专业能力在各类 COE 得到充分发育，传统的财经专业服务在各类共享中心集中处理，支撑 CFO 或 BP 组织为业务发展提供更有价值的支撑。

华为的集成财经变革使财经组织真正成为一个业财融合型组织。在企业的经营活动中，财经组织成为业务的合作伙伴，介入和参与了战略规划、预算目标设置、资源配置、销售、研发、项目、采购、制造等环节。

2013 年年底，华为启动内部控制项目变革，将内部控制的价值明确为

"体现在经营结果的改善上"。华为通过流程梳理，对业务和财务进行充分融合，建立业务和财务之间的对话，并统一融合机制的语言和规范化财务数据，建立起"可量化、可衡量、可管理"的财报内部控制评估机制，真正将业务的语言与财务的结果关联起来。华为集成财经变革和内部控制项目的推行，使财经组织转型为业财融合组织，从而更有力地支撑企业价值创造和长期有效增长。

第三阶段：财经组织成为价值整合者

随着共享中心的建立和各类新工具、新技术的使用，华为的财务工作效率大幅提升。在传统的财务专业工作（如开票、报销、结账）方面，华为实现了全球 7 天 24 小时不间断循环结账，自动滚动调度结账数据，实现从合同概算到关闭回款的一站式服务，使整个结账流程缩短至 5 天内。华为财务团队的工作效率提升后，可以将更多的精力聚焦在帮助业务更好地创造价值上。

华为财经利用在数据方面的优势，利用高效的 IT 系统、大数据等技术，通过对数据的分析以及对业务深入的洞察力，为业务提供高效的财务报告和分析服务，为业务决策提供建议。华为财经和 IT 团队开发的经营分析平台，不仅可以清晰、可视化、多维度地出具各类报告，还能支持从财务到业务、从业务到财务的洞察分析，为业务部门提出有价值的整改建议和努力方向。

2015 年，华为全预算变革大规模推行后，经营从关注当期向关注中长期转变、从以功能为中心向以项目为中心转变、从总部集中管控向一线灵活授权转变。全预算作为华为经营管理机制的核心工具，财经组织作为价值整合者，为推动业务价值创造提供了一个重要抓手。华为的财经组织从企业财经结果的角度，整合资金、技术、人才等要素，通过产品组合、客户组合、渠道组合、价值组合、长短期组合等，为业务进行深度赋能，帮助企业建立起科学、规范、高效和风险可控的价值创造体系。

同时，华为的财经组织还直接参与销售、交付、研发、采购等价值创造活动。在销售项目运作过程中，项目财经人员通过客户财报分析、客户资信分析、历史合同执行情况和市场调研信息，对客户的价值、信用、付款能力等进行评价，为客户投入提供决策建议。同时，华为的财经组织直接参与外汇、融资、保险、合同利润、新商业模式等设计以及与客户付款谈判，通过风险信息表和假设清单管理销售阶段的不确定，确保项目经营成果的改善。

在采购供应商的选择中，华为的财经组织通过供应商财报分析、历史合同履约情况和市场调研信息，对供应商的信用、履约能力、长期经营能力等进行评价，为企业选择采购供应商提供建议。

在采购招投标环节，华为的财经组织还直接参与项目采购预算制定、采购付款、税务、融资、商务等条款设计、谈判和评审等工作。

华为的财经组织作为价值整合者，不仅通过财经管理企业的经营活动，也通过直接面向业务的专业财经方案，在价值创造的各个环节发挥了积极作用。

第二节
华为财经的三支柱模型

华为的财经管理分为经线管理和纬线管理。其中，经线管理主要指财经组织纵深的专业能力。华为财经组织的专业性在于其以企业视角开展工作，包括负责与管理层沟通、为业务提供决策支撑，以及提供政策、流程、方法论的中央平台和高阶投资组合管理等。华为财经组织涉及的流程和业务包括企业的经营管理、销售、融资、资金、税务、核算和报告等方面。华为的财经组织下设经营管理部、销售融资管理部、资金管理部、税务管理部和账务管理部。

华为财经管理中的纬线管理被定义为面向客户、面向业务、支撑作战的业务合作伙伴 BP，其定位是企业的价值整合者。华为的 BP 主要有四大工作职责：一是 BP 以作战需求为中心，为企业提供集成解决方案；二是 BP 应将控制融入业务，坚守风险底线，及时发现企业经营中的风险；三是 BP 在支撑业务作战的同时，必须保持独立性；四是 BP 在面向客户需求时，应构建从机会到变现的端到端全流程解决方案能力，帮助企业取得商业成功。华为通过纬线管理，实现对客户、业务和合作伙伴的全面支持和管理。

华为财经组织的经线管理和纬线管理最终在集成财经变革时被优化为三支柱模型：CFO 或 BP 组织、COE 组织和 SSC 组织。华为的财经三支柱模型如图 10-1 所示。

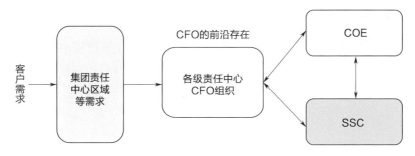

图 10-1　华为的财经三支柱模型

华为在各个责任中心（如区域、客户线、产品线、成本中心和费用中心等）建立了相应的 CFO 或 BP 组织。CFO 或 BP 组织作为华为财经的作战部门，在一线与业务部门并肩作战，直接支撑业务创造价值。华为建立了提供专业、集成的解决方案与赋能的 COE 组织和提供高效、优质、低成本的共享财经服务的 SSC 组织，这两个组织在后端为前端 CFO 或 BP 组织赋能，并提供作战武器，是 CFO 或 BP 组织的有力后盾。CFO 或 BP 组织、COE 组织和 SSC 作为华为财经三支柱，通过紧密配合，共同支撑华为的整个价值创造过程。

一、CFO 或 BP 组织：业务合作伙伴

各级 CFO 组织也属于 BP 组织，在此，统一用 BP 组织来指代。财务 BP 组织是当前企业财经组织转型的重要方向之一。华为的财务 BP 组织全程参与业务经营活动，通过发挥财务专业优势，将有效的管控和敏锐的洞察贯穿于运营管控、组织运作、业务流程、系统数据与制度政策等企业经营的各个层面，实现财务管理活动前瞻化和定制化，为企业管理层的决策提供更精准的信息，从而完整地支撑企业的价值创造活动。在企业的经营活动中，财务 BP 组织既能理解业务的商业逻辑，又能为业务部门提供专业的财务建议，是企业实现精细化管理和价值创造的重要支撑组织。

华为财经的 BP 组织，由企业各地区部、三大 BG（运营商、企业、消费者业务集团）、产品研发部门和平台部门的财经人员组成，具体包括产品与解决方案财经 BP、三大 BG 财经 BP、平台财经 BP 和区域财经 BP。

产品与解决方案财经 BP。华为的产品与解决方案财经 BP 的主要职责是不断完善企业的产品与解决方案财务管理体系。产品与解决方案的财经 BP 通过将财务与业务融合在一起，以专业的财经评估方法落实企业的投资战略，实现投资、经营管理的闭环，承担起提高企业投资效率和效益、管理并规避企业财务风险和运营风险的责任，支撑企业的业务持续有效增长。

三大 BG 财经 BP（运营商、企业和消费者 BP）。华为三大 BG 的财经 BP 主要有三大职责：一是协助 BG 总裁，建设并持续完善企业 BG 的财经管理体系，确保企业财务状况的稳定和可持续发展；二是统筹 BG 在内控方面的各项职能，揭示并降低经营风险，规避财务风险和企业运营风险；三是支撑 BG 的发展规划、经营效益和绩效管理，与业务主管共同对达成经营指标负责，从而促进 BG 业务的有效增长和可持续发展。

平台财经 BP。华为相应的平台部门（如 2012 实验室、海思、行政、基建、制造、供应链、采购认证、质量与流程 IT）的财经 BP 的主要职责是为对应的平台部门提供全面的财经服务和专业的财经解决方案，并对相关平台

部门做财务风险管理，促进相关平台部门业务目标的达成。

区域财经 BP。华为的区域财经 BP 作为片区联席会议、BG、系统部的 业务伙伴和价值整合者，主要职责是确保区域达成经营目标，提升运营资产效率，实现区域业务持续有效增长和安全稳健运营。

总结一下，华为的 CFO 或 BP 组织的价值主要有三点：一是深入了解业务，与业务部门进行良好的沟通和配合；二是帮助业务部门梳理和优化业务中的财务流程，在业务前端快速识别和规避风险；三是为业务部门提供良好的财务支持和服务，通过专业的财务能力帮助业务部门解决问题。

二、COE 组织：财经能力中心

华为的 COE 组织是企业基于专业领域的能力建设中心和行政管理组织。企业的 COE 组织通常代表专业领域的最高水平，负责设计业务政策、方案和流程，为企业提供全球方案和标准，并为客户提供专业服务和咨询方案。COE 组织既是领域内业务规则的设计者，同时也是管理者、推行者和践行者。

COE 组织是华为财经管理的经线。COE 组织承担着制定集团制度、政策以及发布文件的责任，确保集团高层管理者的管理思想和理念能够在企业形成可执行、可落地的政策、制度和文件。

华为的 COE 组织涉及的流程和业务包括经营管理、销售融资、资金、税务、核算和报告等方面。该组织下设多个部门，包括定价中心、经营管理部、销售融资部、账务管理部、资金管理部、税务管理部、内控与企业风险管理部和子公司财经管理部。下面，我将重点介绍经营管理部、销售融资部、账务管理部、资金管理部和税务管理部的主要职责。

华为的经营管理部的主要职责是主导企业三张报表的平衡，并通过计划、预算、核算机制和企业的业务绩效报告与分析，揭示企业经营中存在的风险和问题，促进企业经营指标的达成，支撑并牵引企业实现长期有效增长。

华为的销售融资部的主要职责是通过构建长期稳定的金融资源关系，提高企业的融资能力，积极管理客户风险，促进企业的业务有效增长。

华为的财务管理部主要有三大职责：一是支撑企业产业运作，提供端到端账务核算与报告；二是通过拉通账务流程，强化税务核算与外部遵从的职能，支撑企业合规运营；三是建立共享中心，充分发挥账务监控的作用，突破财报优化、财报内控和账税拉通三个重点和难点。

华为的资金管理部主要有三大职责：一是发挥管理职能，管理集团资产负债表及现金流量表；二是与企业战略相匹配，通过合理规划资产结构和安全高效地运作，保障企业的资金供给；三是支持企业开展业务，提高资产运营效率，帮助企业规避财务风险。

华为的税务管理部主要有两大职责：一是洞察企业运营中的税务机会和价值，提供有竞争力的税务解决方案；二是确保企业子公司的税务安全与合规运营，为企业盈利能力和税务现金流做出积极贡献。

华为的 COE 组织聚焦企业财经专业能力建设，为 BP 组织提供"炮弹"和服务，并指导 BP 组织开展业务。如果企业有需要，COE 组织会前往一线支持 BP 组织，为作战部门提供更好的服务。此外，COE 组织在企业中还行使专业管理职能，监督 BP 组织在一线落实企业的政策和流程。

三、SSC 组织：财务共享服务中心

华为的共享服务通过采用端到端的业务流程和 IT 技术，将共性的"非核心"工作交由聚焦客户的组织交付，从而提供专业、标准的高效服务，提高服务质量和客户满意度，帮助各业务部门将精力集中在核心工作上。

SSC 组织是近年来出现并流行起来的一种会计和报告业务管理组织。SSC 组织将不同国家和地区的实体会计业务在一个共享服务中心进行记账和形成报告，这样做的好处是能够确保会计记录和报告的规范、结构统一，

而且不需要在集团的每个子公司和办事处聘用会计，从而节省了人工成本，同时，大型集团企业财务职能建设中重复投入和效率低下的弊端也得到了解决。众多《财富》500强企业已经开始引入并运行SSC运作模式。据上市咨询公司埃森哲在欧洲的调查数据显示，30多家在欧洲建立SSC组织的跨国企业平均降低了30%的财务运作成本。

华为在"四统一"变革项目后，开展了国内办事处和子公司的账务共享。2005年，华为开始建设海外ERP实施等财经内容，其中也包括SSC组织。2006年，华为在中国深圳、阿根廷、马来西亚、罗马尼亚、阿联酋和毛里求斯建立了六个SSC组织，以费用集中报销为先导，实现了全球格局的集中账务管理。在IBM的帮助下，华为区域SSC组织陆续得以建立，其中包括中国深圳与中国成都、马来西亚、罗马尼亚、毛里求斯、阿根廷和巴西七大SSC组织。

华为SSC组织可以分为标准化SSC组织和全球性SSC组织两种类型。其中，七大标准化SSC组织负责所辖区域的应付账款、销售核算和经营分析报告。全球性SSC组织，包括成都SSC组织和关联交易SSC，负责全球资产核算、应收账款核算和全球关联交易核算。

国外企业在建立SSC组织时，通常会优先考虑规模效益和节约成本。而华为在建立SSC组织则会首先考虑内控及防御机制的有效性；其次考虑宗教信仰、时差和人才等因素；最后才会考虑成本。华为不仅设立了账务SSC组织，而且在资金协调、税务处理等方面都有SSC组织的"影子"。在SSC组织模式下，企业中与决策成功相关性较低、重复度高、工作量大的会计核算工作被集中起来统一处理，使得财务会计与管理会计的分离成为可能，同时也使财务BP组织能够从会计核算工作中脱身出来，聚焦于客户，利用财务数据和工具支撑企业业务作战。

华为的财经三支柱是推动财经组织走向业财融合型组织的关键。如果华为没有SSC组织的共享支持，CFO或BP组织将每天忙于统计核算，无法聚焦业务和客户；如果华为没有COE组织的专业支持，CFO或BP组织将没有源源不断的高质量"炮弹",无法用最好的武器武装自己,难以完成高效的作战。有了 SSC 组织和 COE 组织的支持,华为的 CFO 或 BP 组织才能轻装上阵,在一线与业务共同面向客户,创造并实现价值,向企业交付经营成果。

第三节
CFO 组织建设,支撑企业战略和业务发展

在集成财经变革之前,华为并没有 CFO 这一称呼。华为将所有地区部和产品线的财务主管统称为财务经理或财务总监。自 2007 年起,随着集成财经变革的推行,华为开启了业务通向财经的大门,并培养了一批业财融合型的 CFO。华为逐步建立起 CFO 体系,并相继出现两位 CFO——梁华和孟晚舟女士。

任正非曾在 2011 年与财经体系干部座谈时指出:"我企盼你们,能够担负起明天的责任与使命,成为有远见、有抱负、有战略思维能力,懂业务、识风险的 CFO。"他同时表示:"称职的 CFO 应随时可以接任 CEO。"

一、支撑企业及时、准确、优质、低成本交付项目

华为的CFO组织的主要职责之一是支撑企业及时、准确、优质、低成本交付项目,只有同时满足这四个要素,才能使企业真正做到以客户为中心。这其中有一个矛盾点:要做到及时、准确、优质交付,必然意味着高投入。那么,华为的CFO要如何做到低成本交付呢?华为的CFO要确保将企业资源最有效地投入到能够产生及时、准确、优质效果的地方,这样的投入才是回报最高的。而且,相对于高回报率,这样的成本也是最低的。同时,

华为的CFO要进行"深淘滩"，深入挖掘内部潜力，不断创新，不断提高企业的成本竞争力，以实现低成本交付项目。

"及时、准确、优质、低成本交付"四个要素之间实际上是辩证关系。企业的CFO组织要挤出企业内部最后一滴多余的成本，才能成就客户的成功，进而成就企业的成功。只要企业真正以客户为中心，就一定能够实现有效增长，从而促进企业价值的提升。企业的CFO组织必须带着使命去充分理解"及时、准确、优质、低成本交付"四个要素深层次的含义，并坚持流程化和职业化，降低风险和成本，实现企业业务的有效增长。

二、华为的CFO组织在业务流程中发挥的五大作用

华为的CFO组织开展工作的突破口在于为企业建立和执行财务流程，从而有效支撑企业的业务流程运作。CFO组织要通过流程化和职业化方式建立和执行正确的财务流程以支持业务流程运作，并实现企业的有效增长，即正的利润、正的现金流和正的人效增长。那么，华为的CFO组织在业务流程中主要发挥哪些作用呢？

华为的CFO组织在业务流程中主要发挥以下五大作用。

- 发挥增长洞察作用。华为的CFO组织发挥增长洞察作用主要体现在两个方面：一是CFO组织参与企业的战略规划，帮助企业识别和评估未来的发展机会；二是CFO组织与业务部门一起制定可执行的增长策略，对投资组合进行管理，对投资决策进行评估，实现资源的有效配置。

- 发挥绩效洞察作用。华为的CFO组织发挥绩效洞察作用主要体现在三个方面：一是聚焦财务结果，为企业提供客观反映绩效的报告；二是对绩效达成情况进行分析，提出改进建议；三是通过改善业务中的关键财务指标，提升企业的竞争力。

- 发挥风险洞察作用。华为的CFO组织发挥风险洞察作用主要体现在

三个方面：一是管理财务风险，系统性降低企业经营风险；二是深入到业务前端识别和规避风险，在业务过程中进行内部控制；三是在事后进行独立审计，以平衡业务风险和回报。

- 促进LTC、IPD业务流融合。华为的CFO组织从企业项目的角度集成财经各专业要素，管理项目经营管理和财经风险，通过有效集成和协同财经要素、活动、LTC和IPD业务流，与业务部门一起面向客户或项目，发挥财经专业能力，为企业提供集成财经方案。

- 提升财务数据质量。华为的CFO组织应向企业提供及时、准确、合规的会计核算和报告。

华为的CFO组织在成长过程中，注重业务和财务融合的"混凝土建设"。"混凝土建设"是指企业招募一些优秀的业务人员加入财经组织，在财经组织中不断"掺沙子"，从而促进财务和业务的融合。

三、CFO 的转型历程

2015 年 10 月 23 日，任正非提出要建立 1000 人的项目财务队伍，将最小的经营单元做扎实。截至 2016 年年底，华为拥有大约 1500 人组成的项目财务队伍。华为的 CFO 任职资格必须具备项目财务经验，项目财务队伍的建设为各级 CFO 或 BP 组织培养了大量的业财融合型人才。

我正是参与集成财经变革后，由业务人员转为产品线 CFO 的。在本书前面的章节里，我分享了自己由业务骨干转型为业财融合型 CFO 的经验。集成财经变革方案的设计和推行过程，使我充分领悟了业财融合的变革精髓，也掌握了具体的方法论和工具。此外，一线业务背景也使我具备了业财融合的优势，并在 CFO 的岗位上充分发挥了这一优势。

我凭借对企业销售项目运作流程、商业模式和产品的深入了解，以及熟悉财经解决方案的优势，成功满足了客户提出的租赁商业模式要求，为产品线打开了数十亿元项目的机会窗口。我通过对产业业务运作实质和会

计收入确认规则的了解，推动华为会计政策中心优化了产品线的收入确认
规则，使其回归了工程项目的收入确认实质。我参与了华为产品线的战略
规划、全预算、经营分析、研发投资决策管理和产品定价等经营管理全过程，
为产品线的经营做出了重要贡献。

我在成长的过程中深刻地认识到，要成为一名合格的CFO，必须懂战略、
懂产业、懂市场、懂经营，同时还要具备综合财经专业能力，能够为企业
的业务发展提供价值。

CFO能力提升的目标是成为企业的价值整合者，这就要求CFO具备业
财融合的能力和资源配置的能力。CFO应利用自己的专业技能，最大限度
地优化和配置企业资源，从而实现企业效率和效益的最大化。一名优秀的
CFO，不仅需要具备扎实的财务规划和经营管理能力，还需要对企业战略
和业务有深刻的洞察能力；不仅要把握市场机遇，还要平衡风险，具备精
细化管理企业的能力。此外，CFO还应具备卓越的领导和沟通能力，将企
业带向更有质量、更高效的增长阶段。

第四节

BP 组织建设，扮演好观察员的角色

2011 年，华为高管郭平在华为财经体系 2010 年度工作会议上的讲话
中曾提到他对财经和业务之间关系的理解："一开始的时候，狙击手都是
单兵作战，命中率低，伤亡率高。第二次世界大战后，通过不断的实战和
摸索，美军把标准作战配置改成了两人狙击小组：狙击手和观察员。他们
同时执行任务，卧在一个战壕同生共死，分工不同，目标一致。观察员的
出现，大大提高了狙击命中率，有效地降低了狙击手的伤亡率。我认为，
狙击手和观察员的这种关系，就是一种最好的、最紧密的伙伴。"

为什么说狙击手和观察员之间是一种最好的、最紧密的伙伴关系呢？因为观察员在狙击手旁边观察战况，狙击手就能够集中精力作战，不会分心。各种各样的环境因素都会严重影响狙击手的射击准确度。如果狙击手单兵作战，他首先要紧盯目标，其次要注意保护自己，有时还要测量和分析数据，很难做到不分心。如果观察员与狙击手同时执行任务，观察员就能够承担测量、分析数据的任务，也能够替狙击手观察环境。当狙击手发射出第一颗子弹时，随着后续射击时间的增加，他们将面临暴露位置的风险，这时观察员可以承担起保护狙击手的职责，掩护他们安全撤退。

在企业中，业务部门如同狙击手，财经部门如同观察员，虽然分工不同，但目标一致，都是使企业持续健康发展。以企业的产品线财经 BP 为例，我们可以看看 BP 人员如何发挥观察员作用。

一、产品线财经 BP 的四大关键业务活动

产品线财经 BP 作为华为产品线总裁值得信赖的业务伙伴，承担着投资、经营和内控管理的责任，为企业业务持续有效增长提供支撑。

华为的产品线财经 BP 的关键业务活动包括以下四个方面。

1. 研发项目四算支撑

研发项目四算支撑主要包括以下三个方面。

- 项目全生命周期损益核算。华为的产品线财经 BP 要汇总并审核项目投入、产出等信息，输出项目全生命周期损益核算，为项目 PDCP 决策和 Charter 签订提供支持。
- 项目全生命周期财务管理。项目全生命周期财务管理包括项目全生命周期财务损益核算、对项目投资战略的闭环管理和绩效评价及改进。
- 研发费用管理。华为的产品线财经 BP 要管理研发费用的规划、预算、预测、授予、调整等，并监控研发费用使用的效率和效益。

2. 产品投资组合管理

产品投资组合管理主要包括以下三个方面。

- 决策检查点决策。华为的产品线财经BP要在IPD研发项目全流程各关键DCP提供项目投资分析及财务约束，并为企业提供财经专业建议，以支撑企业做出决策。

- 定价支撑。华为的产品线财经BP要支撑产品上市定价决策，为企业提供财经专业建议。

- 投资组合管理。华为的产品线财经BP要结合项目、产品投资分析和财务约束，对项目和产品的财务表现进行排序，为企业提供组合排序建议。

3. 产业经营分析与监控

产业经营分析与监控主要包括以下三个方面。

- 产品线财经规划。产品线财经BP应将产品线中长期战略转化为中长期财经战略和财经规划。

- 预算预测经营分析。产品线财经BP应组织人员编制产品线全预算，并对预算目标进行分解，通过月度核算、预测、经营分析等工作，监控经营指标完成情况及差距，定位问题并给出解决建议。

- 推动主要经营指标达成。产品线财经BP应协调推动相关部门，调动财经资源，为相关部门提供财经解决方案，从而推动产品线经营指标的达成。

4. 内控及风险管理

内容及风险管理主要包括以下三个方面。

- 评估投资风险。华为的产品线财经BP要结合损益分析和业务分析，评估企业的投资回报及收益、投资成功的可能性以及投资的预算使用效率和效益。

- 评估经营风险。华为的产品线财经BP要评估企业的经营目标与现实
  之间的差距，并评估企业的经营风险。
- 评估合规风险。华为的产品线财经BP要评估企业的研发项目、产
  品线经营过程中的内控遵从、财报合规、业务合规和商业风险等
  问题。

华为的产品线财经 BP 的四大关键业务活动，显著地展现了产品线 BP
作为产品线总裁的观察员而发挥的三大作用：一是为产品线总裁提供真实
的财务数据，帮助产品线总裁制定产品线作战策略和计划；二是在作战过
程中，产品线 BP 不断根据最新的财务数据，帮助产品线总裁修正作战计划，
对战场上的风险进行评估和预警；三是作战完成后，产品线 BP 用核算手
段衡量作战效果。

二、优秀的财经 BP 要做到"四学"

一个优秀的 BP 组织应该在企业中扮演四种角色：一是战略的制定者
和落地者；二是 CEO 的决策顾问和财经专家；三是企业经营的辛勤耕耘者；
四是企业内控和风险的管控者。

一个优秀的 BP 组织需要具备三种能力：业务能力、管理能力和财经
专业能力。业务能力就是业务战略解读与执行能力；管理能力就是指项目
管理能力与团队管理能力；财经专业能力是指对财务政策的深刻理解和应
用，具有财经专业专长。

企业的 BP 组织要在企业中扮演好如上所述的四种角色，并具备三种
能力，就应成为"四学"组织。

- 学战略。BP组织应理解企业和所在业务部门的战略，将战略诉求与
  财务结果相结合，制定业务单元财务规划和配置资源，并进行财务
  评价。

- 学产业或业务。BP组织应熟悉所对应业务的现状、趋势、价值链和商业模式等，并能够基于业务特点进行价值分析，从而支撑企业的经营决策和风险管理。
- 学投资。BP组织应熟悉企业的投资组合管理方法和投入产出分析方法论，辅助业务管理者做好投资决策，掌握资源投放的力度和节奏，确保投资形成闭环。
- 学经营。BP组织应熟悉所对应业务的会计政策和财务分析方法论，了解所对应业务的主要风险和经营管控特点，并为所对应业务提供全面的财务分析报告，从而确保预算形成闭环。

企业为了帮助BP组织实现转型，以下三种关键角色发挥了非常重要的作用。

- BP组织直接主管。BP组织直接主管负责帮助BP组织中的新人理解BP组织的定位，通过绩效管理和日常辅导来帮助BP组织的新人快速转型。
- 导师。导师负责分享新岗位的特定知识和经验，并及时为BP组织的新人提供经验，响应对方的求助。每个BP组织的新人都可以配备一名导师，一对一地传授自身经验教训，并提供辅导。
- 教练。针对BP组织的专业指导教练可以来自组织内部，也可以来自组织外部。辅导形式可以是"一对一"，也可以是"一对多"。教练是专注于BP组织能力提升的专家，拥有丰富的理论知识和实战案例，能够为BP组织提供专业赋能支持。

要成为一名优秀的BP组织人员，最好的成长路径是到现场解决问题。仗是打出来的，将军是练出来的。只有在实际作战中才能培养BP组织人员练就最实用的财务能力。项目财务是BP组织人员最好的实践基地，通过一个小型项目的全循环，可以帮助财务人员深入了解财务和业务，为转身成为各级 CFO 奠定坚实的基础。

优秀的 BP 组织人员不仅是业务的最佳合作伙伴，而且是管理者的智慧参谋。财经管理既要有原则，也要灵动；既要能守住底线，也要能助力经营，支撑高层决策；既敢猛踩油门，又能适时轻点刹车。

回望集成财经变革的过程，回首我亲历的业财融合之路，财务人员只有经历"昨夜西风凋碧树，独上高楼，望尽天涯路"的上下求索，经过"衣带渐宽终不悔，为伊消得人憔悴"的不懈努力，才能"众里寻他千百度，蓦然回首，那人却在灯火阑珊处"，领悟业财融合的精髓，成长为业务最佳的合作伙伴。

第十一章

支撑价值创造
的财经数字化
转型

根据《会计改革与发展"十四五"规划纲要》《会计信息化发展规划（2021—2025年）》《关于中央企业加快建设世界一流财务管理体系的指导意见》等文件要求，"十四五"期间，企业财经数字化转型是企业数字化转型的核心内容。财经组织作为企业天然的数据中心，逐步成为企业数字化转型的先行者和引领者，为推动企业全面转型升级注智赋能。

企业财经数字化转型具备的数据优势，是企业整体数字化转型的着手点和突破口。企业的财经组织可以通过技术赋能，主动运用大数据、人工智能、移动互联网、云计算和区块链等新技术，充分发挥财经组织作为企业天然数据中心的优势，推动企业的财经管理从信息化向数字化、智能化转型，使企业实现以核算场景为基础向业务场景为核心的转变。企业的财经组织应努力成为企业数字化转型的先行者、引领者、推动者，推动企业实现产业数字化、数字产业化、数智赋能。

同时，企业的数字化转型对财务管理能力提升、财务更好地赋能业务有了更高的要求。企业传统财务管理工作主要面临三大挑战：一是传统财务管理部门与其他部门、业务之间的联系和协同不足，导致企业的资源配置和决策效率低下；二是传统财务管理部门的风险管控意识较低，风险管控效果较差，难以对企业新业务模式的收益、成本、风险、不确定性方面进行把控；三是传统财务管理部门业务处理慢、分析效率低，依赖传统统计软件和分析软件输出管理报告的时效性难以达到企业预期。企业传统财务管理工作遇到的这些挑战亟待财经数字化转型来应对。

一、财经数字化转型的四个阶段

信息技术在中国财务工作中的应用已有 40 余年，信息技术对财务的影响已经从单纯的工具替代转向了模式创新和系统重构，并在目标、对象和应用三个维度拓展了财务的应用范畴。企业的财经数字化发展经历了以下四个阶段。

第一阶段：会计电算化

企业进行会计电算化的目标是替代人工，提高核算效率。企业在会计电算化阶段实现了 IT 技术向会计领域的植入，但并未对会计带来变革性的影响。企业借助计算机实现了对手工会计核算过程的模拟和替代，但会计的业务逻辑和工作内容并未发生本质变化。

第二阶段：财务信息化

企业进行财务信息化的目的是通过业财融合支持组织的管理决策，使财务人员的处理内容从会计信息拓展到业务信息，并通过对信息的加工，抽象出支持组织决策的相关知识，包括方案、规则、计划、控制策略和运行规律等。

第三阶段：业财融合数字化

随着移动互联网、云计算、物联网、区块链、大数据、人工智能等数字科技的广泛应用，企业的业务数据和财务数据得以更加高效地整合和交互，从而推动了企业业财融合的发展。数字科技在帮助企业实现业财融合数字化的同时，也对企业的业务创新和增长进行了赋能。通过业财融合，企业可以更及时地掌握自身经营情况，从而优化资源配置，提高利润水平，同时还可以为宏观经济管理提供更准确的数据支撑。在数字化时代，业财融合已经成为企业实现数字化转型和发展的重要战略选择。

第四阶段：Post ERP 时代

Post ERP 是指企业针对传统 ERP 存在的局限性和缺陷，引入新兴技术和理念，构建了一个更加灵活、敏捷、智能的 ERP 系统。与传统 ERP 相比，Post ERP 支持实现模块化设计、云化、服务化管理、数据集成和共享等新功能，为企业的财务数字化提供了强有力的支撑。Post ERP 主要具备以下四大功能。

- 模块化。Post ERP 采用模块化设计，企业可以根据需求选择不同的模块进行组合，从而使财经数字化转型更加具有针对性。
- 云化。Post ERP 支持云计算技术，使企业能够实现跨地域、跨平台的数据共享和协作。
- 数据化。Post ERP 注重数据价值和数据应用，能够为企业提供完整、准确、实时的数据支持决策。
- 智能化。Post ERP 引入人工智能、机器学习等技术，能够帮助企业实现财务业务流程智能化和自动化，提高企业的管理效率。

二、财经数字化转型方向

为了支撑企业面向未来发展，财经领域的变革将朝着更加数字化、智能化、可持续化的方向前进。随着技术的不断进步和广泛应用，企业财经领域也在不断地进行变革和创新。企业财经数字化的过程在不断演化，从数据采集到数据分析再到决策实施，以适应不断变化的市场环境和企业需求。

未来，企业财经领域的数字化变革主要包括以下三个方面。

1. 业财信息融合升级，为财经数字化转型奠定基础

推动业财融合是当今企业财经转型和管理升级的重要趋势之一。企业应推动业财深度融合，使财经更加贴近一线业务。企业的财经组织应通过财务手段和运营手段来支撑业务部门的管理和经营，并逐步成为可信赖的业务伙伴。

企业的财经组织可以通过以下三个层面来推动业财融合。

- 理念层面。企业应强调开放协同的理念，进一步深化业财融合和产融协同，实现利益相关者的价值共生和共享。
- 财务管理职能手段层面。企业的财务部门应主动融入业务事前、事中、事后全流程，有效识别并助力解决企业业务活动中存在的痛点和难点，为企业的生产经营活动提供有力支持。
- 完善财务核算报告体系层面。企业应逐步整合集团内各级子公司使用的财务和业务系统，推进集团层面统一的信息系统集成建设工作，构建以全面对接、整合业财信息为基础的企业财务核算报告体系。

2. 至小、至实、至真的数据是财经的灵魂

企业进入数字化时代后，数据已经从一种附属品变成企业创造价值的关键资源。随着企业级数据呈指数级增长，企业管理和经营对财经领域的数据质量和管理体系提出了更高的要求。企业的财经组织能够准确、及时地为业务部门提供数据是成为业务伙伴的重要前提。企业的财经组织将在数据分析、改进措施和绩效管理方面发挥更大的价值，从而提高企业的财务效率和准确性。

企业对财经数据质量有以下三大要求。

- 至小。最小数据集是指企业管理层针对某个业务管理领域强制收集的最小数据指标体系。
- 至实。企业的全部经营数据应基于实证的事实。
- 至真。企业的财经组织应真实、准确、及时、完整、多方位地记录企业业务。

企业建立数据管理体系主要有以下三个方向。

- 数据政策。企业的财经组织应该建立面向未来的数据治理政策。

- 数据技能。企业应该建立一支拥有深度分析专长的财经队伍。

- 数据战略。企业应该以最小数据集为基础，建立财经的大数据战略。

3. 企业财经集成化的必然趋势是从"大数据"到"大洞察"的转型和革新

企业传统的财务管理主要依靠会计师和财务人员手工处理，这种方法不仅成本高、效率低、易出错，而且不能快速有效地响应市场变化。因此，企业需要利用大数据技术对财经组织进行转型和革新，将分析技术运用于创造竞争优势。企业通过充分利用财经数据资源，能够掌控信息、获取洞察，实现用数据创新产品和服务、用数据管理和决策的目标。

企业财经集成化呈现出以下三大发展趋势。

趋势一：大数据技术的应用。 随着大数据技术的不断发展和普及，企业可以更加方便、快捷地获取各种数据。这些数据包括企业内部的财务数据、市场数据和竞争对手数据等。通过大数据技术分析各种数据，企业可以更好地了解市场趋势，识别企业发展中的潜在风险和机会，从而制定更加科学、精准的决策。

趋势二：数据可视化的推广。 数据可视化是将数据以图形化的方式呈现，让人们可以直观地了解数据之间的关系和演变趋势。企业在财经管理中推广数据可视化，有两大积极作用：一是数据可视化可以使企业更加清晰地了解财务状况，及时发现问题并解决；二是数据可视化可以帮助企业做出更加准确、迅速的决策，提高企业运营效率和精度。

趋势三：人工智能技术的应用。 人工智能技术可以通过机器学习、模型预测等方式，帮助企业进行风险识别、趋势分析、财务预测等方面的工作。这些工作原本需要大量的财务人员投入时间和精力去完成，但借助人工智能技术，相关人员可以快速、准确地完成这些工作。

第二节
华为财经数字化转型方向：洞察、控制、效率

2023 年 4 月 19 日，华为副董事长、轮值董事长、CFO 孟晚舟女士在华为第 20 届全球分析师大会上表示："数字技术，将驱动生产力从'量变到质变'，并逐步成为经济发展的核心引擎。跃升数字生产力正当时。"

企业寻求数字化转型，既是主动选择，也是时代发展要求。企业如何进行财经数字化转型，成为很多企业迫在眉睫想要解决的难题。作为数字化转型成功的"佼佼者"，财经领域的数字化经历了从起步到初具规模、再到行业领先的过程。

一、华为财经数字化发展的三个阶段

华为的财经数字化转型经历了以下三个阶段。

第一阶段（1987~2006 年）：财务标准化、流程化和共享化

1987—2006 年，华为的财务管理主要依赖于手工记账和独立的系统进行。随着规模不断扩大和业务不断复杂，传统的财务管理方式已经无法满足华为的发展需求，华为开始思考如何更好地管理海量的财务数据。

1996 年，华为启动 ERP 系统建设。通过引入 ERP 系统，华为成功地解决了海量财务数据的管理问题。ERP 系统不仅可以提高企业的运营效率和精度，还可以为企业提供关键的业务分析和预测功能。华为启动 ERP 系统建设后，企业的财务流程更加规范化、透明化，并且能够快速响应不断变化的

业务需求。同时，华为还将 ERP 系统与大数据、人工智能和区块链等技术相结合，构建了一个强大的数字化平台，为企业的未来发展奠定了基础。

1998 年，华为实现财务管理"四统一"（流程、制度、编码、监控统一），进一步提高了财务管理效率和精度。2006 年，华为的财务组织全部完成全球共享，财务团队建设迈出了重要一步。

在这一阶段，华为初步建立了数字化财务管理体系，实现了财务数据标准化、流程优化、全球共享服务平台等，为后续企业数字化转型奠定了坚实的基础。

第二阶段（2007~2014 年）：数字技术打通业财融合

2007—2014 年，华为财经进行了两项重大的变革：集成财经变革和 CFO 体系建立。集成财经变革由集团 CFO 孟晚舟女士作为项目经理主导，通过整合多个财务系统和应用，实现了全球化的财经管理服务，进一步提高了华为的财务运作效率，并解决了财务如何与业务融合和及财务流程如何与业务流程对接的问题。同时，华为实施 CFO 体系建设，让各级 CFO 通过数字化平台成长为业务伙伴，为企业的各业务部门提供定制化的财经解决方案。

集成财经变革拉开了华为数据治理的序幕。华为通过集成财经变革建立了完整的财经数据管理体系，包括财经数据采集、存储、处理、分析和应用等环节，实现了财经数据的统一管理和分析。集成财经变革通过数据治理将业务数据化，同时将数据标准化，而且对数据进行度量并持续改进，在提升财经数据质量的同时，确保财经数据与业务保持一致。

在这一阶段，华为将数字技术与业务深度结合，通过数字化平台打通信息流和物流，实现了财经与业务的融合。集成财经变革和 CFO 体系建设是华为数字化转型过程中的重要里程碑，使华为的财经管理更加高效、精准，从而为业务拓展提供了更好的支持。

第三阶段（2015 年至今）：财经洞察、控制、效率全面数字化

2015 年至今，华为财务转型为价值整合者，通过对业务深入洞察，创

造更好的财务收益，为企业整合更多的价值。

何谓价值整合？企业的财经组织最大的优势在于拥有大量的业务数据，财经组织基于业务数据的分析和决策是企业价值管理非常重要的基础。面对市场环境的不确定性，企业的财经组织在关注和理解商业模式、企业战略、组织架构、业务设计、产品竞争、员工绩效管理、客户谈判与沟通等前提下，从信用、资金、预算、税务、融资、会计、外汇等各个领域对资源和数据进行整合，从而帮助企业有效创造客户价值。

在这一阶段，华为继续推进数字化转型，探索数字技术在财经管理中的应用，实现更高效、更精确的数据分析和预测。例如，华为利用 AI 技术实现了智能化的财经管理和决策，包括风险评估、投资分析、财务预测等，有效提高了企业的经营效率和决策精度。同时，华为注重员工培训和意识形态转变，帮助员工适应新的数字化环境，并从中获取价值。通过价值整合，华为能够更好地利用财经优势，提升公司整体竞争力，为可持续发展打下坚实基础。

二、不同阶段的财经数字化转变给华为带来的三大业务收益

华为通过财经数字化变革，看到了实实在在的成效。具体来说，不同阶段的财经数字化变革给华为带来了三大业务收益。

收益一：实现账实一致、账账一致

从财经在线化、流程化、平台化（Online、Flow、Platform，简称 OFP）到集成财经变革项目，华为通过四次财经数字化变革，打通了业务流程和财务流程，使账实一致率从 2014 年的 76% 提升至 2019 年的 99%，构建了华为的财经知识管理体系，逐步打造了高效、高质的数字管道。华为通过经营洞察，实现了企业对经营风险的全面监管与主动预警。

在 OFP 阶段，华为的财务管理主要依赖独立系统，导致业务流程和财务流程之间存在断层，难以实现账实一致。为此，华为启动了内部财务数字化转型项目，经过多轮改革，逐步实现了业务流程和财务流程的无缝衔

接，实现账实一致、账账一致，并建立了财经知识管理体系，极大地提高了数字化管道的效率和精度。通过经营洞察，华为能够及时掌握企业经营情况，并进行主动预警，进一步提高了企业对经营风险的监管水平。

收益二：财经管理更加高效、透明和智能，支撑企业可持续发展

集成财经变革是华为财务数字化转型的关键一步。通过集成财经与业务，华为将财经管理提升至全球化水平，并取得了一系列显著的成效。其中，加速现金流入、准确确认收入、项目损益可见和经营风险可控等方面的进步尤为重要，因为这些都是企业构建可持续、可盈利增长的关键因素。

华为的集成财经变革使财经管理更加高效、透明和智能，不仅实现了企业内部数字化升级，还有助于提高客户满意度和品牌价值。

收益三：财经数字化平台帮助 CFO 成长为业务伙伴

华为的集成财经变革不仅提升了企业财经管理的智能化和透明度，还使企业各级 CFO 成为重要的业务伙伴。借助集成财经数字化平台，CFO 可以更好地理解业务需求。

具体来说，集成财经数字化平台通过整合财务系统和应用，实现了全球化的财经管理服务，使企业内部的财务数据可以在同一个平台上进行统一管理和分析。CFO 可以通过该平台快速了解全球企业的财务状况，及时掌握企业的经营风险和机会，基于及时、准确的经营数据做出更加科学、精准的决策，极大地提高了企业的决策效率和竞争力。

第三节
华为财经数字化转型面临的困难和挑战

华为的财经数字化转型并不是一帆风顺的，在变革中面临着很多困难和挑战。

一、业务集成难度大

华为的业务较为复杂，业务具有独立性和分散性，导致企业的财经部门整合跨领域的数据和共享信息比较困难，从而影响了企业财务数字化的推进。因此，华为需要引入更加专业的数字化技术和管理手段，实现数据整合和信息共享，并在管理层面实现业务的协同和统一，从而推动财务数字化的全面发展。

我们从研发、销售、人力领域来看华为财经系统是如何与业务系统进行集成的。

（1）产品研发与财务结算的集成　华为在产品研发过程中，需要投入大量的研发费用。为了便于企业的财务部门进行预算和结算，华为将研发进度、费用支出等信息与财务系统进行集成。这样的操作使企业的财务部门在研发过程中可以随时了解研发费用的使用情况，及时掌握项目进度，从而更加精准地制定预算和管理资金流动。

（2）销售业务与财务结算的集成　华为的销售业务需要考虑到各种合同、订单和报价单等方面的工作，而这些工作都涉及财务结算。因此，华为在销售业务的管理过程中，将销售业务数据与财务系统进行集成。这样的操作使财务部门可以根据销售业务的实际情况进行预算和结算，及时掌握销售业务的收益情况，从而更好地进行企业的财务运营。

（3）人力资源管理与财务结算的集成　华为在人力资源管理过程中，需要考虑到员工的薪酬、奖金、福利和绩效等方面的工作，而这些工作都涉及财务结算。因此，华为在人力资源管理过程中，将各种薪酬、奖金等数据与财务系统进行集成。这样的操作使财务部门可以更加精准地进行员工薪酬的计算与发放，提高企业管理的效率和质量。

二、企业文化转变的挑战

企业的财经数字化转型不仅仅是技术或工具的转变，更重要的是企业文化和思维方式的转变。华为在财经数字化变革过程中，需要员工摆脱传统的工作模式和习惯，适应新的数字化工具、系统和流程，并从中获取价值。然而，企业文化转变并不容易，会涉及员工教育培训、沟通、意识形态等方面。比如，一些员工可能会对新的数字化工具和系统产生抵触情绪，认为这些工具难以使用，缺乏人性化设计，或者其实际用途与自己的岗位不相关。因此，华为需要与员工进行有效沟通，并对其进行培训，使员工了解企业数字化转型的意义和目标，以便得到员工的理解和支持。

此外，企业的财经数字化转型还需要重新定义团队的工作内容和职责，重新分配资源和调整管理方式，以适应新的数字化环境。

三、技术集成的问题

在财经数字化转型过程中，华为需要整合和升级不同的软件和系统，从而确保各个部门和业务之间的无缝对接。然而，由于涉及的技术领域较广泛，因此出现了一些技术上的难题。在数字化转型初期，华为的 ERP 系统遇到一些技术问题。比如，ERP 系统与其他系统集成时数据格式不兼容，或者数据传输速度慢等。这类技术集成的问题需要专业技术人员进行研究和解决以确保 ERP 系统的稳定性和可用性。同时，华为也更新了硬件设备，加强了网络带宽和安全防护措施，以便数字化平台的正常运行。

此外，在财经数字化转型过程中，华为还需要考虑如何处理历史数据迁移、数据质量控制等问题，制定详细的规划和管理方案，从而确保企业财经组织数字化转型的顺利进行。

总之，在财经数字化转型过程中，华为需要投入大量的资源和精力来实现数字化平台的建设和升级，确保各个系统和应用程序之间的无缝对接和协作。虽然存在许多技术上的挑战和难点，但是随着数字化转型的不断推进，华为已经成功地实现了数字化平台的建设和优化，大大提高了企业的效率和竞争力。

四、人才短缺的挑战

企业的财经数字化转型需要具备财务知识和 IT 技术知识的高素质人才，但这类人才在市场上非常紧缺。因此，华为在数字化转型过程中面临着招聘、培训和保留人才等方面的挑战。

为了应对这一挑战，华为采取了多种措施。比如，华为通过与高校合作，开展学生实习和校园招聘活动，吸引优秀的毕业生加入华为。此外，华为还制订了内部培训计划，为员工提供各种培训和学习机会，帮助员工不断提升技能和知识水平。同时，华为还大力推广"内部晋升"文化，鼓励员工在企业内部寻找新的机会和挑战，从而留住企业内部的人才。

五、成本压力

企业的财经数字化转型需要大量的资金投入和资源支持，给华为造成了较大的财务压力，尤其是在竞争激烈的市场环境下。

为了应对这一挑战，华为采取了多种节约成本的措施。比如，在数字化转型初期，华为选择自主研发 ERP 系统，而不是购买其他企业的解决方案，从而降低成本和提高自主创新能力。此外，华为还大力推进智能化、自动化技术应用，从而减少人力资源的浪费和使用成本。

六、安全和隐私问题

企业随着数字化转型的加速推进，数据安全和隐私问题也日益重要，其中，因财经数字化转型涉及企业核心经营数据，数据安全和隐私问题更应引起企业的重视。华为需要确保其数字化平台能够提供高度安全和可靠的信息环境以保护企业和客户的敏感信息免受威胁和攻击。

为了应对这一挑战，华为采取了多种安全措施。比如，华为加强了员工的安全意识培训，建立了完善的安全管理制度和流程，加强安全监控和风险评估等。此外，华为还投入大量的资金和资源来研发新的安全技术和产品，如区块链技术和人工智能安全算法等。

同时，华为也积极与行业组织和政府部门合作，推动信息安全标准化和监管制度的建立和完善。这些措施不仅可以保障客户的数据隐私和安全，还可以提高华为在市场上的信誉。

第四节
企业财经数字化转型的重点要素

企业在财经数字化转型过程中，涉及许多核心要素，如数据、流程、技术、人才、组织架构等，这些要素需要得到有效的管理和调整，才能确保企业数字化转型的顺利进行。

一、要素一：财经数据

在企业财经数字化转型过程中，数据是最为重要的资源。因此，企业对数据的管理是数字化转型中最为关键的要素。企业对财经数据的管理主要包括以下六个方面。

（1）数据采集　企业进行财经数字化转型的第一步是财经组织收集和整理企业的财务数据，包括从各个数据源（比如会计软件、银行账户等）收集数据，并将其集成到一个平台中，从而实现统一的数据管理。

（2）数据分析　企业的财经组织通过使用数据分析工具，对财务数据进行有意义的分析。数据分析工具可以帮助企业的财务专业人员快速了解企业的财务状况，识别潜在的风险和机遇，从而帮助企业做出更好的决策。

（3）数据共享平台　企业在进行财经数字化转型的过程中需要建立一个共享平台，使不同部门之间可以访问和分享企业的数据，从而消除数据来源的混乱性和不准确性，确保数据的可靠性、一致性，提高工作效率。

（4）历史数据迁移　在企业财经数字化转型过程中，历史数据迁移是重要任务之一。因此，企业的财经组织需要充分考虑数据的准确性、完整性和安全性等因素。华为的财经组织通过数据清洗与整合、选择合适的迁移方案、迁移测试与验证、历史数据备份与存档等措施，成功地实现了历史数据的迁移和整合，为企业的运营和管理提供了更有效的支持和帮助。

（5）数据质量　数据质量是企业财经数字化的重要关注点之一，不良数据会对企业的财务决策和运营效果产生严重影响，企业可以通过建立数据质量度量标准和检测机制来确保数据的准确性、完整性、一致性和即时性。此外，企业还可以使用数据管理工具来跟踪数据来源和更新历史记录，以便更好地控制数据质量。

（6）数据安全　企业在财经数字化转型过程中涉及大量敏感信息，因此必须确保数据的安全性和合规性。企业可以采取适当的安全措施来保护数据（比如加密、权限设置等），并遵守法律法规和政策。

二、要素二：财经业务流程

企业的财经业务流程是财经数字化转型的核心要素之一。企业可以通过对财经业务流程进行优化来提高工作效率、降低成本、控制风险等。企业优化财经业务流程的方法有以下四种。

（1）审批流程标准化　企业建立标准化的审批流程可以减少审批时间和精力，降低人为差错率。对于需要多层次审核的流程，企业可以使用审批平台或流程系统辅助实现。通过这些平台或系统，审批人员可以在线查看审批进度，及时反馈审批意见，避免人为延误和错误。

（2）建立跨领域信息共享机制　建立跨领域信息共享机制是企业实现业财融合的关键。企业不同业务之间的信息共享将改善财经业务流程的协同性和效率，并简化各个环节之间的沟通、审批和交流。比如，企业的销售订单信息可以直接与财务系统进行数据交互，以便及时得到审批并生成发票或账单。

（3）会计科目设置　会计科目设置是企业财经数字化转型中的重要环节。正确的会计科目设置可以帮助企业更好地监控资金流动，并为数据分析提供支持。不同类型的企业的会计科目设置存在差异。因此，企业在进行会计科目设置时需要根据自身情况进行调整和优化，从而适应企业的实际需求。

（4）财务报表输出　财务报表是企业财经数字化转型中的重要输出产品之一。企业建立标准化的报表输出流程，可以提高报表制作的效率和准确性，并为数据分析提供支持。对于需要根据不同维度进行报表输出的情况，企业可以使用图表分析工具辅助实现。

三、要素三：技术管理

企业的财经数字化转型需要利用各种技术来支撑业务流程。因此，企业对技术的管理也是数字化转型中的要素之一。企业的技术管理主要包括以下三个方面。

- 技术选择。企业要选择适合自己业务流程的技术，比如云计算、人工智能、大数据、物联网等。
- 技术集成。企业要通过建立开放的应用程序接口（Application Programming Interface，简称API）和架构来进行技术的集成和协同工作。
- 技术维护。企业要通过定期维护和更新技术来处理技术问题和漏洞，并确保技术与业务的紧密结合。

四、要素四：人才管理

企业的财经数字化转型离不开具备相关技能和知识的人才。因此，企业对人才的管理也是数字化转型中的要素之一。企业对人才的管理主要包括以下三个方面。

- 人才策略。企业要制定符合数字化转型需要的人才战略和计划。
- 人才培养。企业要通过内部培训、外部合作和聘请专业人才等方式，不断提高员工的数字化技能。

- 人才引进。企业要通过吸引优秀的数字化人才，增强企业在数字化领域的竞争力。

五、要素五：组织架构管理

企业的财经数字化转型需要合理的组织架构来支撑战略落地。因此，企业对组织架构的管理也是财经数字化转型中的要素之一。企业对组织架构的管理主要包括以下三个部分。

- 组织设计。企业要制定适合数字化转型的组织结构和职能设置，并确保其与业务流程的紧密结合。
- 组织变革管理。企业要应用变革管理方法，确保组织架构调整的平稳过渡。
- 组织文化建设。企业要营造创新的文化氛围、让企业文化成为员工在企业内日常工作的一部分。

第五节
他山之石：华为财经数字化转型的启示

他山之石，可以攻玉。华为在财经数字化转型方面所进行的实践，可以给其他正在寻求财经数字化转型的企业，或财经数字化转型不太顺利的企业带来一些有益的启示。

一、搭建全球统一的财务平台

华为通过搭建全球统一的财务平台，实现了全球财务数据的实时同步和透明化，提高了企业效率，并降低了企业成本。全球统一的财务平台能够集中管理企业全球范围内的财务数据，包括收入、费用、利润等各项财务指标。

华为的财务平台采用了云计算、大数据、人工智能等前沿技术，不仅可以支持全球财务数据的实时同步和查询，还可以对数据进行分析和预测，从而帮助企业更好地理解市场趋势和客户需求，制定更加精准的战略规划和决策。

二、加速业财一体化融合

企业数字化转型和企业商业模式持续重塑，对财经组织管理能力升级和财务更敏捷、更智能地赋能业务、赋能决策提出了更高要求。企业的财经数字化转型必须充分考虑业财一体化运营的数字化应用蓝图和实现路径。从财务管理的视角出发，企业的财经组织通过倒逼业务获取精细化过程数据，辅助归因分析、支持和赋能战略决策及业务管理，助力企业实现价值最大化。

此外，企业在进行财经数字化转型过程中，将财务的管理理念渗透到业务管理过程中，能够更好地贯彻落实财务的管理要求。

三、运用数字技术优化流程

华为在财经数字化转型过程中运用数字技术和工具来优化其财务流程，提高工作效率和减少错误。例如，在审批流程方面，华为开发了自动化审批系统，实现了财务审批流程的自动化。自动化审批系统可以根据审批流程的不同阶段，自动发送提醒和通知，并允许财务部门追踪和管理审批进度。

此外，在发票管理方面，华为也采用了数字化技术来优化流程。华为通过开发电子发票系统，实现了全球范围内发票管理的自动化和标准化。华为的电子发票系统可以自动识别并归类所有的发票，有效地降低了人工处理的时间和成本。

四、数据驱动决策和洞察

华为将数据视为业务决策的关键因素，通过对大量数据进行分析和挖掘，找出潜在的商业机会和风险，并指导决策和战略规划。华为运用数据分析和挖掘等技术，通过深入挖掘和分析财务数据、市场数据、客户数据等多维数据，提高了企业决策的精准性和准确性。

比如，在财经领域，华为通过数据分析和挖掘技术来寻找利润的增长点和成本的削减点，并制定相应的策略和计划。在市场营销方面，华为通过对客户需求和行为的分析，找到潜在的客户，制定适当的营销策略，从而提高客户满意度和忠诚度。

五、加强信息安全保护

企业随着数字化转型的推进，面临着越来越多的网络威胁和安全风险。华为尤其注重信息安全保护。因此，华为持续加强网络和物理安全措施，确保企业信息和客户数据的安全。

在信息安全方面，华为采用了多种技术和措施，包括身份认证、访问控制、数据加密等，确保敏感数据的安全。此外，华为还定期进行了安全漏洞扫描和评估，并建立了应急响应机制，以便应对可能出现的安全事件。

数字化转型不仅为企业，也为财务行业带来新的发展机遇。企业的财务组织和财务人才要积极拥抱数字化转型的趋势，加强数字化技能和知识的培训，努力应对数字化转型带来的挑战，从而实现企业和自身数字化成功转型。

后 记

集成财经变革使华为成为一个具有长远生命力的企业

当一家企业成长到一定规模后，最大的挑战是如何从个人作战转变为组织作战，如何复制过去的成功，如何确保企业长盛不衰，持续创造价值？我们见证了无数企业的崛起，也见证了无数企业的倒下，"眼见他起高楼，眼见他宴宾客，眼见他楼塌了"。二十年前风靡国际的通信行业巨头朗讯、北电、诺基亚等，现在已经"泯然众人矣"，不复当年的辉煌。

任正非曾经说过："企业真正的竞争力是管理，而强大的财务体系是有效管理体系的基石。"华为在规模化扩张到一定阶段后，遇到了一系列管理方面的挑战。归根结底，当企业规模化运营后，外界的驱动对企业发展的助力趋缓，"大而不强"成为企业的"通病"。因此，企业在这个阶段的内生驱动变得尤为重要。如何从规模经营转向效益经营、价值经营，是一家成熟企业走向强大必然要经历的阶段，而企业管理效益和价值最有效的方法就是管理财务。

为了更好地提升企业的财务管理能力，华为自 2007 年起开始集成财经变革，从基础核算、财务管理演变为业财融合和价值管理。尽管变革过程并不轻松，但几年后集成财经变革为华为带来了可观的收益，夯实了逆势增长的基础。

任正非表示，华为成功的核心点是财经体系和人力资源体系，华为财经经过不断艰苦努力和探索，实现了"凤凰涅槃"，从"最落后（落后到拖了业务的后腿）"发展到"业界领先"水平。现在华为的财务管理水平独到、深刻、细致，正是其核心竞争力之一。

华为集成财经变革推行后，区域主管纷纷表示："集成财经变革为代表处提供了很好的工具，能够很好地支撑代表处的经营运作。""工程采购到付款的方案解决了困扰项目组已久的问题，大大减少了项目风险，并提高了各环节操作效率，促进项目及时、高质量交付，同时也直接提高了分包管理能力，改善了跟供应商的合作关系，提高了客户满意度。""交付从以往的不惜血本赶工，到瞄准开票与回款，已逐渐回归了商业本质，即盈利。""iSee 平台真正做到了对业务的精细化管理，对不同维度的数据都有比较好的展示，满足了业务部门对数据、效率、进度等不同层面展示的需求。"集成财经变革的推行为华为一线作战部门带来了实实在在的收益。

集成财经变革不仅是财务系统的变革，还是华为整体的变革；集成财经变革最终交付的不只是每个项目的输出，还是基于流程与 IT 固化下来的"泛财经"领域的综合化与专业化能力。

目前，华为的业务不仅在通信行业开展，还涉足企业业务、云服务、消费者业务、智能汽车、数字能源等领域，不仅面向企业客户（B 端），也面向个人消费者（C 端）。华为之所以能够在多个国家、多个业务领域开展业务，强大的财务能力是其重要保障之一。

集成财经变革实施后，华为的收入从 2008 年的 183.3 亿美元增长到 2014 年的 465 亿美元，年复合增长率 16.8%；净利润由 2008 年的 11.5 亿美元增长到 2014 年的 45 亿美元，年复合增长率 25.5%。华为的开票周期从 2008 年的 29 天优化到 2013 年的两天，报告发布天数从 2008 年的 13 天优化到 2013 年的两天，运作效率和管理效益显著提升。集成财经变革有力地支撑了华为业务的飞速发展和全球化运作。

当企业进入成熟的规模运作阶段后,对风险和底线的把握也非常关键。企业的规模变大时，所有的风险都会放大，而风险一旦形成多米诺效应，将为企业带来致命的打击。因此，企业壮大时，安全、稳健经营对企业而言是最大的价值。企业卓越的财经管理能力不仅能够助力企业的价值创造，而且能为企业筑起风险堤坝，使企业在增长和控制中找到平衡，从而确保企业健康稳健运营。

如果说集成产品开发为保证产品的有效开发，构筑了华为围绕客户需求持续创新的基础，那么集成财经变革就是让财经融入业务，在资源配置、运营效率、流程优化和内控建设等方面建立规则，并构筑数据系统，挖潜数据价值，逐步建设"以规则的确定性来应对结果的不确定"的精细化管理文化，并使其内化为企业可持续增长的基因之一。

华为CFO孟晚舟女士曾在2017年华为新年致辞《打开五个边界》中表示："打开作业边界，责任在哪里，我们就在哪里；打开管理边界，机会在哪里，我们就在哪里；打开组织边界，人才在哪里，我们就在哪里；打开思想边界，方法在哪里，我们就在哪里；打开能力边界，工匠在哪里，我们就在哪里。"

华为的集成财经变革建立起了匹配全球业务的财经组织架构和匹配全球业务的财经流程架构，使财经组织成为值得信赖的伙伴与价值整合者，使财经团队在一定程度上将自己的影响力推到业务前端，将会计的"反映"职能拓展到"监督""制衡"的领域，初步实现了业财融合。华为集成财经变革和内部控制项目的推行，使业财完全融合，支撑企业长期有效的增长，也让财经实现了彻底转型。

集成财经变革为华为培养了数千名合格的CFO，打造了一支面向未来的CFO队伍。华为的CFO身兼数职：一是深入华为各个业务部门（包括销售、市场、研发、供应链等），聚焦财务结果，抓关键指标改善，提升企业竞争力；二是参与战略规划，拉通计划预算预测，实现资源有效配置；三是与集成产品开发、从线索到现金业务流进行融合，为业务部门提供集成财经方案；四是提升财务数据质量，提供及时、准确、合规的会计核算和报告；五是将规范的财务流程植入到华为的整个运营流程，实现了企业收入与利润的平衡发展。

为什么集成财经变革在华为能够获得成功呢？对于想进行财经变革、财务转型的企业来说，华为开展集成财经变革的以下经验值得借鉴。

第一，集成财经变革是企业的变革，是"一把手"工程，不只是财经体系的变革。任正非作为华为最高领导人，是集成财经变革项目的赞助人和领导人，大力推动华为财经体系转型，这是华为财经变革成功的重要因素之一。当时，华为启动了集成财经变革项目，由于触动面较大，不少部门十分抵触这项变革。在此情况下，任正非力挺变革，对于反对、不拥护变革的业务和财经主管坚决撤换。华为 CFO 孟晚舟女士作为项目经理全程领导了集成财经变革项目的开展。

在集成财经变革的过程中，企业"一把手"要担任变革的总负责人和总设计师，负责调兵遣将，搭建变革专项组织，清晰表达变革需求和目标，把控变革的方向与节奏，领导变革文化，带头落地变革成果，破解各方阻力，坚定推动落地。

第二，企业的业务团队和财经团队应该"力出一孔，利出一孔"，在流程上深度协同，在利益上深度绑定。集成财经变革解决的是企业业财融合、更高效创造价值的问题，是业务团队和财经团队共同的目标，而不只是财经团队的目标。企业的业务团队应该主动学习，领悟变革精髓，支持财经团队开展工作；财经团队应该主动走进业务，学习业务，成为懂业务、善沟通的复合型财经人才，为企业开辟业务和财务融合之路。

第三，选对人，用好人是企业变革成功的关键。企业应搭建一个能够积极推动变革成功的团队。企业除了"一把手"应担任变革项目领导人，还需要利益相关部门的主管担任变革项目领导组成员，对关键资源进行协调，对变革进行指导，从而在企业上下营造变革氛围，形成变革文化。企业中的利益关系人愿意支持或投身到变革中来，是变革成功的重要基础。另外，企业还需要一批理解企业战略、有大局观、熟悉业务、对企业忠诚的优秀专业骨干参与到变革中来，通过变革贡献价值，并在变革中得到锻炼和成长。

第四，企业应学习标杆企业的经验。在华为找到 IBM 这个业内变革标杆企业后，任正非亲自写信给 IBM 的 CEO，花费了百亿元的咨询费用，真心诚意地向 IBM 拜师学艺。华为在变革过程中，无论遇到多大的阻力和挑战，坚持向 IBM 学习不动摇，最终取得了非常好的效果。当前，华为吸收了 IBM 的变革实践经验，并在发展过程中将其内化为更符合中国企业的管理实践，更适合国内寻求财经变革的企业参考和借鉴。

第五，企业的变革不是一蹴而就的，需要持之以恒的努力。华为在变革推行过程中，坚持先僵化、后固化、再优化的步骤，同时，在主干流程上收敛，在末端保持一定灵活性。变革初期，华为接受变革落地初期产生的效率低下、流程变缓等问题，在变革的过程中不断调整和优化。华为的整个变革周期长达七年，七年磨一剑，最终才达到了理想的变革效果。对于想要进行财务转型的企业来说，一定要有坚定的决心、充分的投入和足够的耐心来持续不断地将变革进行到底。

第六，完善的变革管理机制非常重要。企业应从客户的视角出发，以客户价值创造为目的，结合企业战略和业务运作，进行全业务梳理和流程集成。变革管理机制是一套包含变革管理的流程、团队管控、规则和机制的管理体系。企业应按照变革项目管理的方法和流程，从思想、制度、行为三个层面对变革进行落地，确保变革项目成功。

由于每家企业的特点和所处的阶段不同，企业的变革方案和转型重点会有所区别。比如，已经开展过全预算变革的企业可以沿着全预算变革的成果，继续深入开展各个业务领域的财经变革工作；不涉及复杂研发的企业可以简化研发领域的财经变革工作；没有复杂区域运作的企业可以不进行区域责任中心的建设工作；形成规模生产制造的企业可以重点加强制造环节的财务变革工作；等等。

企业变革和转型需要方法，但没有固定的标准方案和模式。企业在运用本书介绍的华为集成财经变革和业财融合的经验时，需要结合企业本身的痛点和问题来进行针对性的调整。

行百里者半九十，致胜利者积跬步，企业变革的道路必然是艰辛曲折的，但确定了变革方向后，矢志不移地走下去，终会到达胜利的彼岸！